L'estime de soi
Une force positive

NATHANIEL BRANDEN

L'estime de soi
Une force positive

Un regard sur notre ressource psychologique la plus importante

Traduit de l'anglais (États-Unis)
par Claire Laberger

J'AI LU
Bien être

Collection dirigée
par Ahmed Djouder

Titre original
THE POWER OF SELF-ESTEEM

Table des matières

L'ESTIME DE SOI

Une définition

L'estime de soi est une puissante énergie qui réside en chacun de nous. Elle englobe beaucoup plus que le sentiment inné de notre propre valeur, qui est sans doute un droit humain acquis à la naissance – cette étincelle que nous, psychothérapeutes ou enseignants, cherchons à attiser chez ceux auprès de qui nous travaillons. Cette étincelle n'est que l'antichambre de l'estime de soi.

Comme vous entamez la lecture de cet ouvrage, je veux que vous sachiez exactement ce que j'entends quand je dis « estime de soi ». Il y a de nombreuses définitions que je considère trompeuses, moins profondes ou moins utiles que celle que je propose. Si l'estime de soi perd son sens précis et qu'elle est ravalée au rang d'une simple expression à la mode, les gens que nous tentons de joindre – ceux qui précisément en ont le plus besoin – ne la prendront pas au sérieux.

L'estime de soi consiste à savoir que nous sommes adaptés à la vie et à ses exigences. Plus précisément, l'estime de soi est :

1. la confiance dans notre capacité de penser et de faire face aux défis fondamentaux de la vie.
2. la confiance dans notre droit au bonheur, le sentiment d'être digne, d'être méritant, d'être en droit d'affirmer nos besoins et nos aspirations, et de jouir des fruits de nos efforts.

Plus loin dans ce livre, je peaufinerai et condenserai cette définition, mais essentiellement, c'est ce que je veux dire lorsque je traite de la notion d'estime de soi.

Introduction

L'IMPORTANCE DE L'ESTIME DE SOI

Une perspective historique

Partout dans le monde aujourd'hui, on s'éveille à l'importance de l'estime de soi. Nous reconnaissons que tout comme un être humain ne peut espérer réaliser son plein potentiel sans une saine estime de soi, il en sera de même pour une société dont les membres ne se valorisent pas et ne font pas confiance à leur esprit.

Par conséquent, je veux aborder ce que signifie précisément « l'estime de soi », et comment et pourquoi elle exerce une influence aussi profonde sur notre vie. Ce n'est que sur cette base que nous pouvons en venir à comprendre la façon dont les principes de la psychologie de l'estime de soi peuvent être appliqués à la psychothérapie, ainsi que dans nos écoles, organisations et institutions sociales de tout genre.

Récemment, je me suis surpris à réfléchir au jour où j'ai rédigé mes premières notes sur l'estime de soi, il y a plus de 40 ans. C'était en 1954, j'avais 24 ans, j'étudiais en psychologie à l'Université de New York et j'avais déjà une modeste pratique privée. Les notes n'étaient pas destinées à être publiées, mais simplement pour aider à clarifier ma pensée. J'ai écrit :

> Je commence à croire que la clé la plus importante de la motivation humaine est l'estime de soi. Pourtant, personne ne semble écrire à ce propos ou en parler. Ce que je veux comprendre, c'est :
>
> a) Qu'est-ce que l'estime de soi ?
> b) Sur quoi repose-t-elle ?
> c) Pourquoi sa présence ou son absence fait-elle une si grande différence dans la vie des gens ?
> d) Comment puis-je le prouver ?

Quand je suis allé à la bibliothèque la première fois en quête d'information sur l'estime de soi, il n'y avait presque rien. Les index des ouvrages de psychologie ne mentionnaient pas le terme. Sigmund Freud avait suggéré qu'une faible « perception de soi » provenait de la découverte par l'enfant qu'il ou elle ne pouvait pas avoir de rapport sexuel avec la mère ou le père, ce qui résultait d'un sentiment d'impuissance : « Je ne peux rien faire. » Je ne trouvais cette explication ni convaincante ni éclairante.

Alfred Adler a suggéré que chaque être humain débutait avec des sentiments d'infériorité causés, premièrement, par le fait d'apporter au monde une responsabilité physique ou une « infériorité organique » et, deuxièmement, par le fait que chaque autre personne (c'est-à-dire les adultes ou les frères et sœurs) est plus robuste et plus forte. Autrement dit, notre malédiction est de ne pas naître adultes et parfaitement formés. Je ne jugeais pas cela utile, non plus.

Quelques psychanalystes ont écrit sur l'estime de soi, mais de façon très différente de ma compréhension du concept ;

c'était donc comme s'ils étudiaient un tout autre sujet.

Ma première grande tentative d'aborder les questions et les enjeux que soulevait l'estime de soi, soit le livre *The Psychology of Self-Esteem*, a été rédigée dans les années 1960 et publiée en 1969. (Je suis heureux et fier d'annoncer que l'ouvrage en est à son 27e tirage.)

Sur le plan culturel, ce n'est que dans les années 1980 que le sujet de l'estime de soi a pris de l'ampleur. Non seulement des livres de plus en plus nombreux ont commencé à paraître, lesquels faisaient référence à l'expression et l'expliquaient dans diverses mesures, mais des études plus scientifiques ont vu le jour. Toutefois, il n'y a toujours pas de consensus sur la signification de l'expression.

À la fin des années 1980, aux États-Unis, on ne pouvait pas allumer le téléviseur sans entendre des choses comme : « Quand il ne s'est pas présenté au rendez-vous, mon estime de soi a été bafouée ! » ou « Comment as-tu pu le laisser te traiter ainsi ? Où est ton estime de soi ? » Dans un film historique sur l'amour et la séduction au sein de l'aristocratie française, nous avons entendu cet anachronisme d'un personnage qui dit à un autre : « Je vous ai désirée dès le premier instant où je vous ai vue. Mon estime de soi le commandait. »

Si le défi a déjà consisté à étendre au public la compréhension de l'importance de l'estime de soi, aujourd'hui, le danger est que l'idée soit banalisée. Si cela devait se produire, la tragédie sera alors que les gens perdront la compréhension de son importance.

L'importance d'une définition précise

Il importe de comprendre que l'estime de soi a un sens exact. Il serait insensé de rejeter les définitions comme n'étant que simple sémantique ou de voir un souci de l'exactitude comme de la pédanterie. La valeur d'une définition précise est qu'elle nous permet de distinguer un aspect particulier de la réalité parmi tous les autres, de sorte que nous puissions y réfléchir et y travailler avec précision et cohérence. Si nous voulons savoir sur quoi repose l'estime de soi, comment la cultiver chez nos enfants, la soutenir dans nos écoles, la stimuler dans nos organisations, la renforcer en psychothérapie ou la développer en nous-mêmes, il faut que nous sachions précisément ce que nous ciblons. *Il est improbable que nous touchions une cible que nous ne pouvons pas voir.*

Si notre notion de l'estime de soi est vague, les moyens que nous adopterons refléteront ce flou. Si notre enthousiasme pour l'estime de soi ne va pas de pair avec la rigueur intellectuelle appropriée, nous courons le risque non seulement de ne pas produire des résultats valables, mais aussi de discréditer la discipline.

Malheureusement, presque chaque auteur dans le domaine propose une définition différente de l'estime de soi. C'est un des problèmes de la recherche. Différents attributs ou caractéristiques sont mesurés, mais ils portent tous collectivement le nom « estime de soi ». Examinons quelques définitions représentatives pour clarifier davantage ma propre approche.

Première tentative de définition de l'estime de soi

William James est le « père » de la psychologie américaine et dans son ouvrage *Principles of Psychology*, publié à l'origine en 1890, se trouve la première tentative, à ma connaissance, d'une définition de l'estime de soi :

> Ayant pour l'instant investi toute mon âme à être psychologue, je suis mortifié quand d'autres personnes connaissent beaucoup mieux la psychologie que moi. Mais je suis satisfait de me complaire dans mon ignorance complète du grec. Mes déficiences à cet égard ne me donnent aucun sentiment d'humiliation personnelle. Si j'avais eu des « prétentions » à être linguiste, cela aurait été exactement le contraire ... Sans tentative, il ne peut y avoir d'échec ; et sans échec, il n'y a pas d'humiliation. Ainsi, notre sentiment de soi en ce monde dépend entièrement de ce que nous parions être et faire. Il est déterminé par le rapport de nos réalisations sur nos prétendues potentialités, une fraction dont nos

prétentions sont le dénominateur et notre succès, le numérateur ; ainsi :

$$\text{Estime de soi} = \frac{\text{Succès}}{\text{Prétentions}}$$

On peut augmenter une telle fraction tant en diminuant le dénominateur qu'en accroissant le numérateur.

La première chose que nous révèle James à son égard est qu'il fonde son estime de lui-même sur la façon dont il se compare aux autres dans la discipline qu'il a choisie. Si personne n'atteint son niveau d'expertise, son estime de soi est satisfaite. Si quelqu'un d'autre le surpasse, son estime de soi est sapée. En un sens, il nous dit qu'il place son estime de soi à la merci des autres. Dans sa vie professionnelle, il a donc intérêt à s'entourer d'inférieurs, ce qui lui donne raison de craindre le talent plutôt que de l'accueillir, de l'admirer et d'en tirer plaisir. Ce n'est pas une formule pour une saine estime de soi, mais bien une prescription pour l'anxiété.

Lier notre estime de nous-mêmes à tout facteur extérieur à notre contrôle de volonté, comme les choix ou les actions des autres, est une invitation à l'angoisse. Que tant de gens se jugent justement de cette façon fait leur malheur.

Si « l'estime de soi est égale au succès divisé par les prétentions », alors, comme le souligne James, l'estime de soi peut être protégée tant en accroissant son succès qu'en diminuant ses prétentions. Cela signifie que sont égales dans leur estime de soi une personne qui n'aspire à rien ni dans le travail ni dans sa personnalité et qui y parvient, et une autre personne qui a de grandes réalisations et une forte personnalité. Je ne crois pas que ce soit une conclusion à laquelle quiconque serait arrivé en observant le monde réel. Les personnes dont les aspirations sont si minimes qu'elles les atteignent sans y penser et sans effort ne sont pas reconnues pour leur bien-être psychologique.

La mesure dans laquelle nous vivons conformément à nos normes et à nos valeurs personnelles (que James appelle malheureusement nos « prétentions ») a manifestement une influence sur l'estime de soi. La valeur de la proposition de James est qu'elle attire l'attention sur ce fait. Mais c'est un fait qui ne peut être adéquatement compris à vide, comme si le *contenu* de nos critères et valeurs n'importait pas, et qu'il n'y avait rien d'autre en cause que la formule neutre que James propose. Littéralement, sa formule est moins une définition de l'estime de soi qu'un énoncé sur la façon dont on détermine, à son avis, le niveau d'estime de soi, non pas chez quelques pauvres individus, mais en chaque personne.

L'apport de Stanley Coopersmith

L'un des meilleurs livres jamais écrits sur l'estime de soi est celui de Stanley Coopersmith, *The Antecedents of Self-Esteem*. Sa recherche sur l'apport des parents demeure inestimable. Il écrit :

> Par estime de soi, nous entendons l'évaluation que la personne fait et maintient habituellement à son propre égard. Elle exprime une attitude d'approbation ou de désapprobation, et indique dans quelle mesure la personne se croit capable, importante,

prospère et digne. Bref, l'estime de soi est un jugement *personnel* de mérite qui s'exprime dans les attitudes qu'affiche une personne envers elle-même.

Par rapport à James, cette formulation représente un grand pas en avant. Elle exprime beaucoup plus directement ce qu'est notre expérience de l'estime de soi. Pourtant, elle soulève des questions qui demeurent sans réponse.

« Capable » de quoi ? Nous sommes tous capables dans certains domaines et pas dans d'autres. Capables relativement à tout ce que nous entreprenons ? Alors, tout manque de compétence adéquate doit-il diminuer l'estime de soi ? Je ne crois pas que Coopersmith veuille le laisser entendre, mais l'implication est en suspens.

« Importante » – qu'est-ce que cela veut dire ? Importante en quel sens ? Importante aux yeux des autres ? Quels autres ? Importante selon quels critères ?

« Prospère » – parle-t-on de réussite matérielle ? De succès financier ? De carrière réussie ? De réussite sociale ? Succès par rapport à quoi ? Remarquez qu'il ne dit pas que l'estime de soi comporte la notion que le succès (en principe) est *approprié* ; il dit que l'estime de soi englobe l'idée de se *voir comme étant prospère* – ce qui est entièrement différent et troublant dans ses implications.

« Digne » – de quoi ? Du bonheur ? D'argent ? D'amour ? De tout ce que la personne désire ? Je crois que Coopersmith entend par « digne » à peu près ce que j'explicite dans ma propre définition, à la préface du présent ouvrage, mais il ne le dit pas.

Tentatives plus récentes de définition de l'estime de soi

Une autre définition nous est offerte par Richard L. Bednar, M. Gawain Wells et Scott R. Peterson dans leur livre *Self-Esteem : Paradoxes and Innovations in Clinical Theory and Practice.*

> Entre parenthèses, nous définissons l'estime de soi comme étant un sens subjectif et plaisant d'une approbation de soi réaliste. Elle reflète la manière dont la personne voit

> et valorise le soi aux niveaux les plus fondamentaux de l'expérience psychologique... Donc, fondamentalement, l'estime de soi est un sens durable et affectif de valeur personnelle fondé sur une juste perception de soi.

« Approbation » – relativement à quoi ? Tout ce qui concerne le soi, de l'apparence physique aux actions et au fonctionnement intellectuel ? On ne le dit pas. « Voit et valorise le soi » – d'après quelles questions ou quels critères ? « Un sens durable et affectif de valeur personnelle » – qu'est-ce que cela veut dire ? Par ailleurs, j'aime dans cette formulation l'observation que la véritable estime de soi est fondée dans la réalité.

L'une des définitions les plus répandues de l'estime de soi est donnée dans l'ouvrage *Toward A State of Esteem : The Final Report of the California Task Force To Promote Self and Personal and Social Responsibility* :

> L'estime de soi se définit ainsi : apprécier ma propre valeur et ma propre importance, et avoir la force de caractère pour

être responsable de moi-même et pour agir de façon responsable envers les autres.

Dans cette définition, nous trouvons le même manque de spécificité que dans les autres – « valeur et importance » *relativement à quoi* ?

L'énoncé du groupe de travail Task Force présente un autre problème : inclure dans la définition ce qui est manifestement destiné à être une *source* de base d'une saine estime de soi (c'est-à-dire être responsable de soi et agir de façon responsable envers les autres). Une définition d'un état psychologique sert à nous dire ce qu'*est* un état et non comment on y parvient. Les personnes qui nous ont offert cette définition veulent-elles nous faire croire que si nous n'agissons pas de façon responsable envers les autres, nous n'aurons pas une saine estime de nous-même ? Si tel est le cas, elles ont probablement raison, mais est-ce une partie de la définition ou est-ce une autre question ? (Sans aucun doute, cette définition est influencée par des considérations « politiques » plutôt que scientifiques – rassurer les gens que les champions de l'estime de soi ne sont pas porteurs d'un « égoïsme » mesquin et irresponsable.)

Enfin, il y a ceux du mouvement de l'estime de soi qui annoncent que « l'estime de soi signifie "je suis capable et aimable" ».

Encore une fois, il faut demander « capable de quoi ? » Je suis un bon skieur, un brillant avocat et un cordon-bleu. Cependant, je ne me sens pas la compétence d'évaluer indépendamment les valeurs morales que m'a enseignées ma mère. Je me dis : « Qui suis-je pour savoir ? » Dans ce cas, suis-je « capable » ? Ai-je de l'estime de soi ?

Quant à « aimable » – oui, se sentir aimable est une des caractéristiques d'une saine estime de soi, tout comme se sentir digne du bonheur et du succès. Se sentir aimable est-il plus important ? Évidemment, puisque les deux autres caractéristiques ne sont pas mentionnées. *D'après quel raisonnement ?*

Est-ce que je laisse entendre que la définition de l'estime de soi que j'offre est gravée dans la pierre et qu'on ne peut pas l'améliorer ? Pas du tout. Les définitions sont contextuelles, elles sont liées à un niveau donné de connaissances ; quand les connaissances s'accroissent, les définitions ont tendance à être plus précises. Je peux trouver une meilleure façon, plus claire et plus exacte de capter l'essence du concept au cours de ma vie. Ou quelqu'un d'autre peut le faire. Mais dans le contexte des connaissances que nous possédons actuellement, je ne vois aucune autre formulation qui cerne avec plus de précision l'aspect unique de l'expérience humaine que nous appelons estime de soi.

Le but de ce livre

Le but de ce livre n'est pas d'aborder en détail la grande question de ce que nous pouvons faire pour guérir ou reconstruire une estime de soi abîmée, mais plus fondamentalement d'explorer ce qu'est l'estime de soi.

C'est le point de départ nécessaire. Même si l'on entend beaucoup parler de ce sujet, il n'y a pas de compréhension unanime du sens de l'estime de soi ou des raisons pour lesquelles elle est si essentielle à notre bien-être.

Il s'agit là des enjeux de base sur lesquels porte cet ouvrage.

Dans le chapitre 1, j'invite le lecteur à voir le rôle capital que joue l'estime de soi pour nous tous dans les choix cruciaux et les décisions qui façonnent notre vie. J'explore ce que signifie l'estime de soi, j'élabore une définition de l'expression et j'en explique les raisons dans le but de clarifier ce que je crois être des malentendus, puis je discute du pourquoi du besoin d'estime de soi pour notre espèce.

Dans le chapitre 2, je décris à quoi ressemble une bonne estime de soi et je mentionne les opérations mentales sur lesquelles elle repose. Dans le chapitre 3, je souligne les différences entre la pseudo-estime de soi et l'estime de soi authentique. Les trois premiers chapitres sont une adaptation d'une conférence que j'ai donnée à Asker/Oslo, en Norvège, lors du premier congrès international sur l'estime de soi, à l'été de 1990.

Dans le chapitre 4, j'offre un certain nombre d'observations sur les sources d'une saine estime de soi, en ce sens qu'elle dépend de nos propres choix et de notre comportement.

Le chapitre 5 présente l'application des principes de l'estime de soi en milieu de travail.

J'espère que vous voudrez pousser plus loin et en apprendre davantage sur l'estime de soi parce que, comme je le mentionne au premier chapitre, de tous les jugements que nous portons dans une vie, aucun n'est plus important que le jugement que nous portons sur nous-même.

Le concept de soi est la destinée.

1

QU'EST-CE QUE L'ESTIME DE SOI ?

Pour la plupart, nous sommes des enfants issus de familles dysfonctionnelles.

Je ne veux pas dire que la plupart d'entre nous avaient des parents alcooliques, ou ont subi des agressions sexuelles ou autres, ou qu'ils ont grandi dans un climat de violence physique. Ce que je dis, c'est que la plupart d'entre nous ont grandi dans des foyers caractérisés par des signaux contradictoires, le déni de la réalité, les mensonges parentaux et l'absence d'un respect adéquat pour notre esprit et notre personne. Je parle du foyer *moyen*.

Je me souviens d'avoir discuté de cette question un jour avec l'éminente thérapeute familiale Virginia Satir, qui offrait un exemple exquis et effroyable du genre de folie dans laquelle tant d'entre nous ont grandi.

Imaginez, disait-elle, une scène entre une enfant, une mère et un père.

Apercevant un regard malheureux sur le visage de la mère, l'enfant demande : « Qu'est-ce qui ne va pas, maman ? Tu as l'air triste. »

La mère répond, d'une voix tendue et la gorge serrée : « Rien. Je vais bien. »

Le père dit ensuite avec colère : « Ne fais pas fâcher ta mère ! »

L'enfant regarde tour à tour sa mère et son père, tout à fait perplexe, incapable de comprendre la rebuffade, et elle se met à pleurer. La mère crie au père : « Regarde ce que tu as fait ! »

J'aime cette histoire parce qu'elle est ordinaire. Examinons-la de plus près.

L'enfant perçoit correctement que quelque chose trouble la mère et elle réagit de façon appropriée. La mère agit en invalidant la perception (juste) de la réalité de l'enfant ; elle ment. Peut-être la mère le fait-elle en vertu d'un désir mal avisé de « protéger » son enfant ou peut-être parce qu'elle ne sait pas elle-même comment composer avec sa tristesse. Si elle avait dit « Oui, maman se sent un peu triste ; merci de l'avoir remarqué », elle aurait validé la perception de l'enfant. En reconnaissant sa propre humeur sombre simplement et ouvertement, elle aurait renforcé la compassion de l'enfant et lui aurait enseigné quelque chose d'important, soit une saine attitude à l'endroit de la souffrance. Elle aurait dédramatisé la souffrance.

Le père, peut-être pour « protéger » la mère ou peut-être par culpabilité, parce qu'il est en cause dans la tristesse de la mère, réprimande l'enfant, ajoutant ainsi à l'incompréhensibilité de la situation. Si la mère n'est pas triste, pourquoi une simple question serait-elle contrariante ? Si elle est triste, pourquoi est-ce mal de s'en inquiéter et pourquoi maman ment-elle ? Ensuite, ce qui confond l'enfant encore davantage, la mère crie après le père, le réprimandant d'avoir fait des reproches à leur enfant. Les contradictions se multiplient, incongruités par-dessus incongruités. Comment l'enfant peut-elle comprendre la situation ?

La fillette peut se précipiter dehors, chercher désespérément quelque chose à faire ou quelqu'un avec qui jouer et tenter d'effacer tout souvenir de l'incident aussi rapidement que possible, réprimant ses émotions et ses perceptions. Et si l'enfant se réfugie dans l'inconscient pour fuir le sentiment terrifiant d'être prise dans un cauchemar, est-ce que nous blâmons ses parents bien intentionnés de se comporter de façon à l'encourager à croire que voir est dangereux et qu'être aveugle est plus sûr ?

Une histoire sans méchants

Une histoire ordinaire sans méchants. Personne n'est porté à imaginer que les parents sont motivés par des intentions destructrices. Mais en choisissant de nier la simple réalité, ils donnent à l'enfant l'impression qu'elle existe dans un monde incompréhensible, où la perception n'est pas fiable et est jugée futile. Multipliez cet incident par mille plus ou moins semblables, dont l'enfant ne se souviendra probablement jamais plus tard, mais qui tous auront presque assurément un effet cumulatif sur le développement de l'enfant.

(Ne sommes-nous pas pour la plupart des survivants de telles expériences ?)

Si l'enfant en vient à la conclusion que son esprit est défaillant, ou que sa capacité est mise en doute, comment une saine estime de soi peut-elle se développer ? Et sans cette estime de soi, comment l'enfant fera-t-elle face à la vie ?

Des facteurs complexes déterminent l'estime de soi

Je ne veux pas insinuer que la façon dont nos parents nous traitent détermine le niveau de notre estime de soi. La question est plus complexe. Nous avons notre propre rôle décisif à jouer. La notion selon laquelle nous ne sommes que des pions formés et déterminés par notre milieu ne peut être soutenue par la science ou la philosophie. Nous sommes des agents responsables en propre, des participants actifs dans le drame de nos vies, des initiateurs et pas seulement des réactifs ou des répondants.

Manifestement, toutefois, le milieu familial peut avoir une influence profonde, en bien ou en mal. Les parents peuvent nourrir la confiance en soi et le respect de soi, ou dresser des embûches de taille à l'apprentissage de ces attitudes. Ils peuvent faire passer le message qu'ils croient à la compétence et à la valeur de leur enfant, ou faire passer le message contraire. Ils peuvent créer un milieu où l'enfant se sent en sécurité ou en créer un de terreur. Ils peuvent soutenir l'émergence d'une saine estime de soi ou faire tout ce qu'ils peuvent pour la contrer.

Obstacles à la croissance de l'estime de soi

Les parents posent des obstacles de taille à la croissance de l'estime de soi d'un enfant lorsqu'ils :

- font passer le message que l'enfant n'est pas « assez » ;
- réprimandent l'enfant qui exprime des sentiments « inacceptables » ;
- ridiculisent ou humilient l'enfant ;

- laissent croire que les pensées ou les émotions de l'enfant n'ont aucune valeur ou importance ;

- tentent de contrôler l'enfant par la honte ou la culpabilité ;

- surprotègent l'enfant et, par conséquent, font obstruction à l'apprentissage normal et à la croissance de l'autonomie ;

- élèvent un enfant sans aucune règle, donc sans structure de soutien, ou alors avec des règles qui sont contradictoires, déroutantes, inflexibles et oppressantes, ce qui, dans chaque cas, inhibe la croissance normale ;

- nient la perception de la réalité d'un enfant et encouragent implicitement cet enfant à douter de son esprit ;

- traitent des faits évidents comme étant irréels, perturbant ainsi le sens de la rationalité de l'enfant – par exemple, quand un père alcoolique titube vers la table, manque sa chaise et tombe par terre, et que la mère continue de manger ou de parler comme si rien n'était arrivé ;

- terrorisent un enfant par la violence physique ou la menace de celle-ci, inculquant ainsi la peur panique comme caractéristique durable au cœur de l'enfant ;

- traitent l'enfant comme un objet sexuel ;

- enseignent à l'enfant qu'il est mauvais, indigne ou pécheur par nature.

À l'heure actuelle, des millions d'hommes et de femmes issus d'expériences semblables dans l'enfance cherchent des moyens de guérir leurs plaies. Ils reconnaissent qu'ils sont entrés dans l'âge adulte avec un handicap – une estime de soi déficitaire. Quels que soient les mots qu'ils utilisent pour décrire le problème, ils savent qu'ils souffrent d'un sentiment sans nom de ne pas être « assez », ou d'une émotion de honte ou de culpabilité qui les hante, ou de méfiance généralisée envers eux-mêmes, ou d'un sentiment diffus d'indignité. Ils sentent leur manque *même s'ils ne savent pas précisément ce qu'est l'estime de soi*, sans parler de la façon de la cultiver et de la consolider en eux.

Une définition de l'estime de soi

Nous qui sommes psychothérapeutes ou enseignants cherchons à attiser une étincelle chez ceux auprès de qui nous travaillons – ce sentiment inné de notre propre valeur qui est sans doute notre droit humain acquis à la naissance. Mais cette étincelle n'est que l'antichambre de l'estime de soi. Si nous devons rendre justice à ceux auprès de qui nous travaillons, nous devons les aider à transformer ce sentiment de leur valeur en une pleine estime de soi.

L'estime de soi consiste à savoir que nous sommes adaptés à la vie et à ses exigences. Plus précisément, l'estime de soi est :

1. la confiance dans notre capacité de penser et de faire face aux défis de la vie ;

2. la confiance dans notre droit au bonheur, le sentiment d'être digne, d'être méritant, en droit d'affirmer nos

besoins et nos aspirations, et de jouir des fruits de nos efforts.

Un besoin humain puissant

L'estime de soi est un besoin humain puissant et fondamental qui contribue de façon essentielle au processus de vie ; elle est indispensable à un développement normal et sain ; elle a une valeur de survie.

En l'absence d'une estime de soi positive, notre croissance psychologique est ralentie. L'estime de soi positive agit en quelque sorte comme *le système immunitaire de la conscience,* offrant résistance, force, et une capacité de régénération. Lorsque l'estime de soi est faible, notre résistance face aux adversités de la vie est diminuée. Nous nous laissons abattre par des vicissitudes qu'un meilleur sentiment de soi pourrait vaincre. Nous avons tendance à être davantage influencés par le désir d'éviter la douleur que par celui d'éprouver de la joie. Le négatif a plus de pouvoir sur nous que le positif.

Dépendance et estime de soi

Ces observations nous aident à comprendre les dépendances. Lorsque nous devenons dépendants de l'alcool ou des drogues ou de relations destructrices, l'intention inconsciente est invariablement de soulager l'anxiété et la souffrance. Ce dont nous devenons dépendants sont des tranquillisants et des analgésiques. Les « ennemis » que nous tentons de fuir sont la peur et la douleur. Lorsque les moyens que nous avons choisis ne fonctionnent pas et aggravent nos problèmes, nous sommes poussés à prendre de plus en plus du poison qui nous tue.

Les dépendants ne sont pas *moins* craintifs que les autres êtres humains, ils le sont *davantage*. Leur souffrance n'est pas plus bénigne, elle est plus intense. Nous ne pouvons pas arriver à l'estime de soi en buvant ou en nous droguant, pas plus que nous ne pouvons acheter le bonheur par des relations toxiques. L'estime de soi ne s'obtient pas par des pratiques qui évoquent la haine de soi.

Si nous ne croyons pas en nous – ni dans notre bonté, ni dans notre valeur – l'univers est un endroit terrifiant.

Nous valoriser

Cela ne veut pas dire que nous sommes nécessairement incapables d'atteindre toute valeur réelle. Certains d'entre nous peuvent avoir le talent et l'ambition de grandes réalisations, malgré une piètre perception de soi – comme le bourreau de travail extrêmement productif qui veut prouver sa valeur, par exemple, à un père qui a prédit qu'il ne ferait jamais rien de bon. Mais cela veut dire que nous serons moins efficaces – moins créatifs – que nous avons le pouvoir de l'être. Et cela veut dire que nous serons handicapés dans notre capacité de trouver la joie dans nos réalisations. Rien de ce que nous faisons ne semblera jamais « assez ».

Si nous avons une confiance réaliste dans notre esprit et notre valeur, si nous nous sentons sécurisés intérieurement, nous avons tendance à percevoir que le monde nous est ouvert, et à réagir adéquatement aux défis et aux occasions. L'estime de soi donne du pouvoir, stimule et motive. Elle nous incite à agir, et nous permet de tirer plaisir et fierté de nos réalisations. Elle nous permet de connaître la satisfaction.

Dans leur enthousiasme, certains auteurs contemporains semblent suggérer qu'un sentiment sain de notre propre valeur est tout ce qu'il nous faut pour connaître le bonheur et le succès. La question est plus complexe, cependant.

Nous avons plus d'un besoin, et il n'y a pas de solution unique à tous les problèmes de notre existence. Un sentiment de soi bien développé est une condition nécessaire à notre bien-être, mais une condition qui ne suffit pas. Sa présence ne garantit pas l'épanouissement, mais son absence garantit une certaine mesure d'anxiété, de frustration et de désespoir.

L'estime de soi se proclame d'elle-même un besoin du fait que son absence (relative) entrave notre capacité de fonctionner. C'est pourquoi nous disons qu'elle a une valeur de survie.

Et cela n'a jamais été aussi vrai qu'aujourd'hui. Nous avons atteint un moment dans l'histoire où l'estime de soi, qui a toujours été un besoin psychologique d'une importance suprême, est aussi devenue un besoin économique d'une importance suprême – un attribut impératif pour s'adapter à un monde de plus en plus complexe, difficile et compétitif.

Ressources psychologiques pour l'avenir

Le passage d'une société de fabrication à une société d'information, le passage du travail physique au travail intellectuel comme activité dominante des employés, et l'émergence d'une économie mondiale caractérisée par le changement rapide, accélérant les percées scientifiques et technologiques, ainsi qu'un niveau sans précédent de compétitivité exigent des niveaux d'éducation et de formation supérieurs à ce qui était requis des générations précédentes. Toute personne qui connaît la culture d'entreprise sait cela. Mais ce qui n'est pas aussi bien compris est que ces développements créent aussi de nouvelles demandes sur nos ressources psychologiques.

Précisément, ces développements exigent une capacité accrue d'innovation, d'autogestion, de responsabilité personnelle et d'autodétermination. Cela n'est pas exigé uniquement au « sommet », mais à chaque échelon d'une entreprise, des cadres supérieurs aux superviseurs de première ligne et même au personnel de base.

Une entreprise moderne ne peut plus être exploitée par une poignée d'individus qui pensent et une foule de gens qui font ce qu'on leur dit (le modèle militaire classique d'un pouvoir hiérarchique). Aujourd'hui, les organisations ont besoin non seulement d'un niveau sans précédent de connaissances et de compétences chez tous les participants, mais aussi d'un niveau supérieur d'autonomie personnelle, de confiance en soi et d'esprit d'initiative – en un mot, d'estime de soi. Cela signifie que les gens possédant un niveau décent d'estime de soi sont en demande économiquement, en grand nombre. D'une perspective historique, il s'agit d'un nouveau phénomène. (L'importance de l'estime de soi dans le milieu professionnel est expliquée dans le chapitre 5.)

Les choix intelligents nécessitent l'estime de soi

Dans un monde où les options et les choix sont plus nombreux que jamais auparavant, et où nous faisons face à des possibilités illimitées dans quelque direction que nous regardions, nous avons besoin d'un niveau plus élevé d'autonomie personnelle. Cela se traduit par un besoin accru d'exercer un jugement indépendant, de cultiver nos propres ressources et d'assumer la responsabilité des choix, des valeurs et des actions qui façonnent notre vie ; un besoin accru de confiance en soi et d'autonomie ; un besoin accru de foi en nous-même basée sur la réalité.

Plus grand est le nombre de choix et de décisions que nous devons faire à un niveau conscient, plus pressant est notre besoin d'estime de soi.

Dans la mesure où nous avons confiance dans l'efficacité de notre esprit – confiance dans notre capacité de penser, d'apprendre, de comprendre nous avons tendance à persévérer devant les problèmes difficiles ou complexes. En persévérant, nous tendons à réussir plus souvent qu'à échouer, ce qui confirme et renforce ainsi le sens de notre efficacité. Dans la mesure où nous doutons de l'efficacité de notre esprit et où nous manquons de confiance dans notre pensée, nous tendons à ne pas persévérer et à abandonner. En abandonnant, nous échouons plus souvent que nous réussissons, ce qui confirme et renforce ainsi notre évaluation de soi négative.

L'estime de soi forte recherche la stimulation d'objectifs exigeants, et l'atteinte de buts difficiles nourrit une bonne estime de soi. L'estime de soi faible recherche la sécurité de ce qui est familier et facile, et se confiner à ce qui est familier et facile sert à affaiblir l'estime de soi.

Plus notre estime de soi est élevée, mieux nous sommes outillés pour traiter avec l'adversité dans notre carrière et notre vie privée, plus nous nous relevons rapidement après une chute et plus nous avons d'énergie pour repartir à neuf.

Plus notre estime de soi est élevée, plus nous avons tendance à être ambitieux, pas nécessairement au sens financier ou professionnel, mais en ce qui concerne ce que nous espérons connaître dans la vie – sur le plan émotionnel, créateur et spirituel. Plus notre estime de soi est faible, moins nous avons d'aspirations et moins il est probable que nous ayons des succès. Chaque tendance semble se renforcer et se perpétuer d'elle-même.

Plus notre estime de soi est élevée, plus nous sommes disposés à former des relations enrichissantes plutôt que toxiques. Les pareils attirent les pareils, la santé est attirée par la santé, et la vitalité et l'expansivité chez les autres attirent naturellement davantage les personnes ayant une bonne estime de soi que le vide et la dépendance.

Attirance vers ceux dont l'estime de soi correspond à la nôtre

Un principe important des relations humaines veut que nous ayons tendance à nous sentir plus à l'aise, plus « chez nous » avec des gens dont le niveau d'estime de soi ressemble au nôtre. Les personnes ayant une forte estime de soi tendent à être attirées par leurs pareilles. Les personnes ayant une moyenne estime de soi sont habituellement attirées par les personnes s'estimant moyennement. La faible estime de soi recherche la faible estime de soi chez les autres. Les relations les plus désastreuses surviennent entre deux personnes qui ont une faible opinion d'elles-mêmes ; l'union de deux abysses ne produit pas un sommet.

Je songe à une femme que j'ai déjà traitée. Elle a grandi en croyant qu'elle était « mauvaise » et qu'elle ne méritait pas la bonté, le respect ou le bonheur. Comme on pouvait le prévoir, elle a épousé un homme qui « se savait » indigne d'amour et qui se sentait consumé par la haine de soi. Il se protégeait en étant cruel envers les autres, avant que ceux-ci puissent être cruels à son égard. Cette femme ne se plaignait pas de la violence de son mari, puisqu'elle « savait » que l'abus était sa destinée. Lui n'était pas surpris du retrait grandissant et de l'éloignement de sa femme, puisqu'il « savait » que personne ne pourrait jamais l'aimer.

Ils avaient passé vingt ans de torture ensemble, « prouvant » à quel point ils avaient raison à propos d'eux-mêmes et à propos de la vie.

Quand j'ai fait remarquer à l'épouse qu'elle n'avait pas connu beaucoup de bonheur, elle m'a jeté un regard étonné et a dit : « Les gens sont-ils jamais vraiment heureux ? »

Plus notre estime de soi est élevée, plus nous sommes enclins à traiter les autres avec respect, bienveillance, bonne volonté et équité – puisque nous ne les percevons pas comme étant une menace, et puisque le respect de soi est le fondement du respect des autres.

La bombe à retardement de la faible estime de soi

Si une estime de soi inadéquate peut limiter gravement les aspirations et les réalisations d'une personne, les conséquences du problème ne sont pas nécessairement si évidentes. Parfois, elles se manifestent de façon plus indirecte. La bombe à retardement d'une faible perception de soi peut faire tic-tac en silence pendant des années alors qu'une personne, mue par une passion pour le succès et exerçant ses véritables capacités, peut grimper de plus en plus haut dans sa profession. Puis, sans nécessité réelle, cette personne se met à contourner les règles, moralement et/ou légalement, dans son empressement à donner des démonstrations plus spectaculaires de son art. Elle commet ensuite des délits encore plus flagrants, se disant qu'elle est « au-delà du bien et du mal », comme si elle défiait le sort de l'abattre. C'est seulement à la fin, quand sa vie et sa carrière tombent en disgrâce et en ruine, que nous pouvons voir pendant combien d'années cette personne s'est avancée inexorablement vers le dernier acte d'un scénario inconscient, qu'elle a pu commencer à écrire dès l'âge de trois ans.

Efficacité de soi et respect de soi

L'estime de soi comporte deux aspects inter-reliés :

1. Un sens de l'efficacité personnelle (efficacité de soi).

2. Un sens de la valeur personnelle (respect de soi).

Une expérience psychologique pleinement vécue est la somme intégrée de ces deux aspects.

L'efficacité de soi signifie la confiance dans le fonctionnement de mon esprit, dans ma capacité de penser, dans les processus par lesquels je juge, choisis et décide ; la confiance dans ma capacité de comprendre les faits de la réalité qui s'inscrivent dans la sphère de mes intérêts et de mes besoins ; la confiance en soi cognitive ; l'autonomie cognitive.

Le respect de soi est l'assurance de ma valeur, une attitude affirmative à l'égard de mon droit de vivre et d'être heureux, une aisance à affirmer de façon appropriée mes pensées, mes désirs et mes besoins, le sentiment que la joie est mon héritage naturel.

Si une personne se sentait inadéquate à relever les défis de la vie, si une personne manquait de confiance en soi fondamentale, confiance en son esprit, nous reconnaîtrions une déficience de l'estime de soi, peu importe les autres atouts que cette personne possède. Ou si une personne manquait du sens du respect de soi fondamental, se sentait indigne ou non méritante de l'amour ou du respect des autres, sans droit au bonheur, craintive d'affirmer ses pensées, désirs ou besoins encore une fois, nous reconnaîtrions une déficience de l'estime de soi, sans égard aux autres attributs positifs qu'elle afficherait.

Le double pilier de l'estime de soi

L'efficacité de soi et le respect de soi constituent le double pilier d'une saine estime de soi. Sans l'une ou l'autre, l'estime de soi est déficiente. Ce sont les caractéristiques qui définissent le terme en raison de leur nature fondamentale. Elles ne représentent pas une signification dérivée ou secondaire de l'estime de soi, mais en sont l'essence.

L'expérience de *l'efficacité de soi* entraîne un sentiment de contrôle sur sa propre vie que nous associons au bien-être psychologique, le sentiment d'être au centre vital de sa propre existence – contrairement à l'impression d'être un spectateur passif et une victime des événements.

L'expérience du *respect de soi* rend possible un sens de la communauté bienveillant et non névrotique avec d'autres individus, l'association de l'indépendance et du respect mutuel – contrairement à la séparation d'avec la race humaine, d'une part, ou à la submersion bêtifiante dans la tribu, d'autre part.

Chez une personne donnée, il y aura des fluctuations inévitables des niveaux de l'estime de soi, tout comme il y a des fluctuations de tous les états psychologiques. Il faut penser *au niveau moyen d'estime de soi* d'une personne.

Comment vivons-nous notre estime de soi ?

Même si nous parlons parfois de l'estime de soi comme étant une conviction à propos de soi, il est plus exact de parler d'une inclination à l'expérience de soi d'une façon particulière. De quelle façon ? Pour récapituler :

1. Comme étant fondamentalement compétent pour s'adapter aux défis de la vie ; par conséquent, avoir confiance dans son esprit et ses processus ; *efficacité de soi.*

2. Comme étant digne de succès et de bonheur ; par conséquent, la perception de soi comme étant quelqu'un pour qui les réalisations, le succès, le respect, l'amitié et l'amour sont appropriés ; *respect de soi.*

Une définition officielle de l'estime de soi

Pour résumer dans une définition officielle : ***l'estime de soi est la disposition à se reconnaître comme étant compétent pour s'adapter aux défis de la vie et digne de bonheur.***

Notez que cette définition ne précise pas les influences environnementales de l'enfance qui soutiennent une saine estime de soi (par exemple, la sécurité physique, le soutien affectif, etc.), ni les influences internes postérieures (par exemple, l'habitude de vivre en toute conscience, de façon autoresponsable, etc.), ni les conséquences émotionnelles ou comportementales (par exemple, la compassion, l'aptitude à être responsable, etc.). *Elle ne fait qu'identifier ce que désigne l'évaluation de soi et en quoi elle consiste.*

Est-ce que je laisse entendre que la définition de l'estime de soi que j'offre est gravée dans la pierre et qu'on ne peut pas l'améliorer ? Pas du tout. Les définitions sont contextuelles, elles sont liées à un niveau donné de connaissances ; quand les connaissances s'accroissent, les définitions ont tendance à être plus précises. Je peux trouver une meilleure façon, plus claire et plus exacte de capter l'essence du concept au cours de ma vie. Ou quelqu'un d'autre peut le faire. Mais dans le contexte des connaissances que nous possédons actuellement, je ne vois aucune autre formulation qui identifie avec plus de précision l'aspect unique de l'expérience humaine que nous appelons estime de soi.

La notion de « compétence » telle qu'utilisée dans ma définition est métaphysique et non « occidentale ». C'est-à-dire qu'elle relève de la nature même des choses – de notre relation fondamentale avec la réalité. Ce n'est pas le produit d'un quelconque « jugement de valeurs » culturel. Il n'y a aucune société sur terre, aucune société même concevable, dont les membres n'ont pas à faire face au défi de combler leurs besoins – qui n'ont pas à faire face au défi d'une adaptation appropriée à la nature et au monde des êtres humains. L'idée d'efficacité en ce sens fondamental (qui comprend la compétence dans les relations humaines) n'est pas un « artefact occidental », comme je l'ai entendu suggérer.

Nous nous faisons des illusions si nous nous imaginons qu'il existe une culture ou une société dans laquelle nous n'avons pas à faire face au défi de nous adapter à la vie.

2

POURQUOI AVONS-NOUS BESOIN D'ESTIME DE SOI ?

Pour comprendre l'estime de soi, il faut se poser cette question : *Pourquoi le besoin s'en fait-il sentir ?*

La question de l'efficacité de leur conscience ou de la valeur de leur être ne se pose pas pour les animaux. Mais les êtres humains s'interrogent : Est-ce que je peux me fier à mon esprit ? Est-ce que ma pensée est compétente ? Suis-je adéquat ? Suis-je assez ? Suis-je une bonne personne ? Est-ce que j'ai de l'intégrité – c'est-à-dire, y a-t-il congruence entre mes idéaux et ce que je pratique ? Suis-je digne de respect, d'amour, de succès, de bonheur ? La raison pour laquelle ces questions doivent même être soulevées n'est pas évidente en soi.

Notre besoin d'estime de soi résulte de deux faits de base, tous deux intrinsèques à notre espèce. Le premier est que notre survie et notre maîtrise réussie de notre environnement dépendent de l'usage approprié de notre conscience. Notre vie et notre bien-être dépendent de notre capacité de penser. Le deuxième est que le bon usage de notre conscience n'est pas automatique, il n'est pas « prévu » par nature. Dans le réglage de son activité, il y a un élément de choix crucial donc, de responsabilité personnelle.

L'esprit est l'outil de base de la survie

Comme toutes les autres espèces capables de perception, notre survie et notre bien-être dépendent de l'orientation de notre forme de conscience distincte, cette forme exclusivement humaine, notre faculté conceptuelle – la faculté d'abstraction, de généralisation et d'intégration.

Cette forme de conscience est ce que j'entends par le mot *esprit.* Son essence est notre capacité de raisonner, ce qui signifie saisir des relations. Notre vie et notre bien-être dépendent de l'exercice approprié de notre esprit.

L'esprit est bien plus que la perception explicite immédiate. C'est une architecture complexe de structures et de processus. L'esprit comprend plus que les processus verbaux, linéaires et analytiques que l'on décrit parfois populairement, même à tort, comme étant l'activité de « l'hémisphère gauche ». Il englobe la totalité de la vie mentale, y compris le subconscient, l'intuition, le symbolique, tout ce qui est parfois associé à « l'hémisphère droit ». L'esprit est tout ce par quoi nous communiquons avec le monde et le comprenons.

Le processus de la pensée

Pour apprendre à faire pousser les aliments, à construire un pont, à produire de l'électricité, à découvrir les possibilités guérisseuses de certaines substances, à allouer des ressources pour maximiser la productivité, à voir des sources de richesse jamais aperçues auparavant, à mener une expérience scientifique, à créer – tout cela nécessite un processus de la pensée. Pour répondre d'une manière adéquate aux plaintes d'un enfant ou d'un conjoint, pour reconnaître qu'il y a une disparité entre notre comportement et les sentiments que nous déclarons, pour découvrir comment faire face à la douleur et à la colère de façon à guérir plutôt qu'à détruire – il faut un processus de la pensée.

Même pour savoir quand abandonner les efforts conscients pour résoudre un problème et confier la tâche au subconscient, pour savoir quand permettre à la pensée consciente de cesser ou quand s'occuper plus attentivement des sentiments ou de l'intuition (perceptions ou intégrations subconscientes) – il faut un processus de la pensée, un processus de lien rationnel.

Penser ou ne pas penser : un choix

Le problème et le défi sont que, même si la pensée est nécessaire à une existence réussie, nous ne sommes pas programmés pour penser automatiquement. Nous avons un choix.

Nous ne sommes pas responsables du contrôle de l'activité du cœur, des poumons, du foie ou des reins. Ils font tous partie du système autorégulateur de l'organisme (bien que nous commencions à découvrir qu'une certaine mesure de contrôle de ces activités peut nous être possible). Nous ne sommes pas non plus obligés de superviser les processus homéostatiques grâce auxquels, par exemple, une température plus ou moins constante est maintenue. La nature a conçu les organes et systèmes de notre corps pour qu'ils fonctionnent automatiquement au service de notre vie, sans l'intervention de notre volonté. Mais notre esprit fonctionne différemment.

Notre esprit ne pompe pas la connaissance comme notre cœur pompe le sang, quand et comme nécessaire. Notre esprit ne nous guide pas automatiquement à agir selon notre compréhension la meilleure, la plus rationnelle et éclairée, même quand une telle compréhension serait nettement avantageuse. Nous ne nous mettons pas à penser « instinctivement » simplement parce que la non-pensée, dans une situation donnée, est devenue dangereuse pour nous.

La conscience ne se déploie pas « par réflexe » devant ce qui est nouveau et non familier ; parfois, nous la contractons plutôt. La nature nous a donné une responsabilité extraordinaire : le choix d'augmenter ou de tamiser le projecteur de la conscience. Il s'agit du choix de rechercher la conscience ou de ne pas s'en encombrer ou de l'éviter activement, le choix de penser ou de ne pas penser. C'est la source de notre liberté et de notre responsabilité.

Nous pouvons faire des choix rationnels ou irrationnels

Nous sommes la seule espèce qui peut formuler une vision des valeurs dignes d'être recherchées – puis rechercher le contraire. Nous pouvons décider qu'une certaine ligne de conduite est rationnelle, morale et sage – puis mettre la conscience en veilleuse et procéder à autre chose. Nous sommes capables de surveiller notre comportement et de nous demander s'il correspond à notre connaissance, nos convictions et idéaux – et nous sommes aussi capables d'éviter cette question. Le choix de penser ou de ne pas penser.

Si j'ai des raisons de croire que l'alcool est dangereux pour moi et que je prends néanmoins un verre, je dois d'abord éteindre la lumière de la conscience. Si je sais que la cocaïne m'a coûté mes trois derniers emplois et que je choisis quand même d'en prendre, je dois d'abord faire taire ma connaissance, je dois refuser de voir ce que je vois et de savoir ce que je sais. Je reconnais que je suis dans une relation destructrice de ma dignité, ruineuse pour mon estime de soi et dangereuse pour mon bien-être physique. Si je choisis néanmoins d'y demeurer, je dois noyer ma conscience, embrouiller mon cerveau et me rendre fonctionnellement stupide. L'autodestruction se pratique mieux dans l'obscurité.

Nos choix affectent notre estime de soi

Les choix que nous faisons quant aux opérations de notre conscience ont d'énormes ramifications dans notre vie en général et notre estime de soi en particulier. Songez à l'effet qu'entraînent les choix suivants sur notre vie et notre notion de soi :

- Attention *versus* inattention.
- Pensée *versus* absence de pensée.
- Conscience *versus* inconscience.
- Clarté *versus* obscurité ou imprécision.

- Respect de la réalité *versus* évitement de la réalité.

- Respect des faits *versus* indifférence face aux faits.

- Respect de la vérité *versus* rejet de la vérité.

- Persévérance dans l'effort de comprendre *versus* abandon de l'effort.

- Loyauté dans nos gestes envers nos convictions déclarées *versus* déloyauté – l'enjeu de l'intégrité.

- Honnêteté envers soi-même *versus* malhonnêteté.

- Confrontation de soi *versus* évitement de soi.

- Réceptivité aux nouvelles connaissances *versus* esprit fermé.

- Disposition à voir et corriger ses erreurs *versus* persévérance dans l'erreur.

- Souci de congruence *versus* ignorance des contradictions.

- Raison *versus* irrationalisme ; respect de la logique, de la cohérence, de la cohésion et de l'évidence *versus* ignorance et mépris de celles-ci.

- Loyauté envers la responsabilité de la conscience *versus* trahison de cette responsabilité.

Si quelqu'un désire comprendre les fondations d'une estime de soi authentique, cette liste constitue un bon point de départ.

Personne ne peut sérieusement suggérer que notre sentiment de notre compétence à affronter le défi de la vie ou que notre sentiment de notre valeur ne sera pas affecté, avec le temps, par le modèle de nos choix en ce qui concerne les options ci-dessus.

Conscience, responsabilité, choix moraux

L'idée n'est pas que l'estime de soi « devrait » être affectée par les choix que nous faisons, mais plutôt que de par notre nature, il *faut* qu'elle soit affectée. Si nous développons des habitudes qui nous entravent ou nous handicapent pour fonctionner efficacement, et que cela nous amène à nous méfier de nous-mêmes, il serait irrationnel de suggérer que nous « devrions » nous sentir aussi efficaces et dignes que si nos choix avaient été meilleurs. Cela impliquerait que nos actions n'ont ou ne devraient avoir aucune incidence sur la façon dont nous nous percevons. C'est une chose de prendre garde à ne pas s'identifier à un comportement en particulier. C'est autre chose d'affirmer qu'il *ne* devrait pas y avoir de lien entre l'auto-évaluation et le comportement.

On ne rend pas service aux gens en leur offrant des notions « agréables » de l'estime de soi qui la séparent des questions de conscience, de responsabilité ou de choix moral.

Le fait que nous avons des choix tels que j'ai décrits, que nous sommes confrontés à des options rencontrées nulle part ailleurs dans la nature, que nous sommes la seule espèce capable de trahir nos moyens de survie et d'agir à leur encontre, crée notre besoin d'estime de soi – qui est le besoin de savoir que nous fonctionnons comme l'exigent notre vie et notre bien-être.

3

ESTIME DE SOI
ET ACCOMPLISSEMENT

L'estime de soi n'est pas un cadeau gratuit qu'il nous faut seulement réclamer. La posséder au fil du temps représente un accomplissement.

Pour porter le nom d'estime de soi authentique, l'expérience que je décris doit être basée sur la réalité. C'est plus que le simple fait de « se sentir bien dans sa peau » – état qui, du moins temporairement, peut s'obtenir de nombreuses façons, allant d'un rapport sexuel satisfaisant à l'achat d'un nouveau costume, ou d'un compliment reçu à la consommation de certaines drogues. L'autoefficacité et le respect de soi véritables exigent davantage de nous que ces choses.

Un article paru dans le magazine *Time* du 5 février 1990 disait :

> Un examen de maths normalisé a été soumis à des adolescents de 13 ans dans six pays, l'an dernier. Les Coréens ont été les meilleurs, les Américains, les derniers, se classant derrière l'Espagne, l'Irlande et le Canada. Voici la mauvaise nouvelle. En plus de leur présenter des triangles et des équations, l'examen offrait aux enfants cet énoncé : « Je suis bon en mathématiques. »
>
> Les Américains furent numéro un, étant d'accord à 68 % avec cette affirmation. Les élèves américains ne connaissent peut-être pas leurs mathématiques, mais ils ont manifestement assimilé les leçons du nouveau programme scolaire à la mode sur l'estime de soi, dans lequel on leur enseigne à se sentir bien dans leur peau.

Dans les limites de cette compréhension naïve et primitive de l'estime de soi, les critiques sur « les programmes d'estime de soi » que formule ensuite l'auteur de cet article sont justifiées. Par conséquent, quand je parle d'autoefficacité et de respect de soi, je le fais dans le contexte de la réalité, et non de sentiments engendrés par des souhaits ou des affirmations. L'une des caractéristiques des personnes ayant une saine estime de soi est qu'elles ont tendance à évaluer leurs capacités et leurs accomplissements de façon réaliste, sans les nier ni les exagérer.

Est-ce qu'un élève peut avoir de piètres résultats et avoir quand même une bonne estime de soi ? Bien sûr. Il y a une foule de raisons pour lesquelles un garçon ou une fille peut ne pas bien réussir à l'école, y compris le manque de défis et de stimulation adéquate. Les notes ne sont guère un indicateur fiable de l'autoefficacité et du respect de soi d'une personne. Mais les élèves qui ont une estime de soi rationnelle ne se font pas croire qu'ils réussissent bien alors qu'ils ont de mauvais résultats.

Les écoles devraient effectivement se préoccuper d'offrir des principes et des exercices d'estime de soi dans leurs programmes d'études, et il y en a d'excellents en vigueur. Mais nous ne rendons pas service au développement sain des jeunes gens quand nous leur communiquons que l'estime de soi peut s'obtenir en récitant « je suis spécial » chaque jour ou en se caressant le visage en se disant « je m'aime » ou en identifiant la valeur personnelle à l'appartenance à un groupe en particulier (« la fierté ethnique ») plutôt qu'à la personnalité.

À ce sujet, rappelons-nous que l'estime de soi relève de ce qui est ouvert à notre choix volontaire. Elle ne peut être uniquement fonction de la famille où nous sommes nés, de notre race, de la couleur de notre peau ou des réalisations de nos ancêtres. Ce sont parfois des valeurs auxquelles les gens s'accrochent afin d'éviter la responsabilité d'acquérir une estime de soi authentique. Elles sont des sources de ce que je nomme ci-dessous « la pseudo-estime de soi ». Peut-on tirer un plaisir légitime de ces valeurs ? Évidemment. Peuvent-elles jamais offrir un soutien temporaire à des ego fragiles et en croissance ? Probablement. Mais elles ne sont pas des substituts à la conscience, à la responsabilité ou à l'intégrité. Ce ne sont pas des sources d'autoefficacité et de respect de soi. Elles peuvent cependant devenir sources d'aveuglement.

Mais est-ce authentique ?

Nous voyons parfois des gens qui jouissent d'une réussite sociale ou d'une grande estime, et qui ont en public un vernis d'assurance, et pourtant ils sont profondément insatisfaits, anxieux ou déprimés. Ils projettent peut-être une apparence d'estime de soi, mais n'en possèdent pas la réalité. Comment pourrions-nous les comprendre ?

Observons d'abord que dans la mesure où nous échouons à développer une estime de soi authentique, les conséquences sont des degrés variés d'anxiété, d'insécurité, de doute de soi. C'est le sentiment d'être effectivement inadapté à l'existence (bien que personne n'y pense en ces termes ; on ressent plutôt que quelque chose ne va pas chez soi). Cet état est extrêmement douloureux. Et pour cette raison, nous sommes motivés à le fuir, à nier nos peurs, à justifier notre comportement et à feindre une estime de soi que nous ne possédons pas. Nous sommes susceptibles de développer ce que j'appelle la pseudo-estime de soi.

La *pseudo-estime de soi* est l'illusion de l'autoefficacité et du respect de soi sans la réalité. C'est un dispositif irraisonné et autoprotecteur pour diminuer l'anxiété et procurer un faux sentiment de sécurité – pour apaiser notre besoin d'estime de soi authentique tout en permettant d'éluder les causes réelles de son absence. Elle se fonde sur des valeurs qui peuvent être appropriées ou non, mais qui de toute façon ne sont pas intrinsèquement liées à ce qu'exigent l'autoefficacité et le respect de soi véritables.

Par exemple, au lieu de rechercher l'estime de soi dans la conscience, la responsabilité et l'intégrité, nous pouvons la chercher dans la popularité, le prestige, les acquisitions matérielles ou les exploits sexuels. Au lieu de valoriser l'authenticité personnelle, nous pouvons accorder de la valeur à l'appartenance au bon club ou à la bonne Église ou au bon parti politique. Au lieu de pratiquer l'affirmation de soi appropriée, nous pouvons vouer une loyauté aveugle à notre groupe particulier. Au lieu de rechercher le respect de soi par l'honnêteté, nous pouvons tenter de l'obtenir par la philanthropie (je dois être une bonne personne, je fais des « bonnes œuvres »). Au lieu de tenter d'acquérir le pouvoir de la compétence, nous pouvons exercer le « pouvoir » de manipuler ou contrôler les autres.

Les possibilités de se mentir à soi-même sont presque infinies – toutes les impasses au bout desquelles nous pouvons nous perdre, sans réaliser que ce que nous désirons ne peut s'acheter avec des billets contrefaits.

L'estime de soi est une expérience intime ; elle réside au cœur de mon être. C'est ce que je pense et crois à mon propos, et non pas ce que quelqu'un d'autre pense ou croit de moi. On ne saurait trop insister sur ce simple fait.

Je peux être aimé de ma famille, de mon conjoint et de mes amis et pourtant ne pas m'aimer. Je peux être admiré par mes associés et pourtant me considérer sans valeur. Je peux projeter une image d'assurance et de prestance qui dupe à peu près tout le monde et pourtant trembler en secret en ayant l'impression d'être inadapté.

Je peux répondre aux attentes des autres mais non aux miennes ; je peux mériter tous les honneurs mais avoir le sentiment de ne rien avoir accompli ; je peux être adulé par les foules et pourtant m'éveiller chaque matin avec un sentiment horrible de fraude et de vide.

Atteindre le « succès » sans acquérir une estime de soi positive équivaut à être condamné à se sentir comme un imposteur qui attend avec anxiété d'être découvert.

La reconnaissance n'est pas l'estime de soi

La reconnaissance des autres ne crée pas notre estime de soi, pas plus que les connaissances, les compétences, les possessions matérielles, le mariage, le fait d'être parent, les entreprises philanthropiques, les conquêtes sexuelles ou les chirurgies faciales. Ces choses peuvent parfois nous faire sentir temporairement mieux face à nous-même ou plus à l'aise dans des situations particulières. Mais être à l'aise n'est pas de l'estime de soi.

Malheureusement, ceux qui enseignent l'estime de soi ne sont pas plus insensibles que quiconque à l'idolâtrie de faux dieux. Je me souviens d'avoir assisté à la conférence d'un homme qui donnait des séminaires d'estime de soi. Il a affirmé qu'une des meilleures façons d'accroître notre estime de soi est de nous entourer de personnes ayant une haute opinion de nous. J'ai pensé au cauchemar de faible estime de soi que vivent les personnes entourées de louanges et d'adulation – comme les vedettes du rock qui n'ont aucune idée de ce qui les a propulsés là où elles sont et qui ne peuvent survivre une journée sans drogue. J'ai pensé à la futilité de dire à une personne ayant peu d'estime de soi, qui se sent privilégiée d'être acceptée par qui que ce soit, que la façon d'augmenter l'estime de soi est de rechercher la compagnie exclusive d'admirateurs.

Naturellement, il est plus sage de rechercher des compagnons qui sont amis plutôt qu'ennemis de notre estime de soi. Les relations épanouissantes sont préférables aux relations toxiques. Mais se tourner vers les autres comme principale source d'estime de soi est dangereux : d'abord, parce que ça ne fonctionne pas et deuxièmement, parce que nous courons le risque de devenir dépendants de l'approbation, ce qui est fatal pour le bien-être mental et émotionnel.

Je ne veux pas laisser entendre qu'une personne psychologiquement saine n'est pas affectée par la rétroaction qu'elle reçoit des autres. Nous sommes des êtres sociaux et assurément les autres contribuent à nos perceptions de nous-mêmes. Mais il y a d'énormes différences entre les gens quant à l'importance relative, pour leur estime de soi, qu'ils accordent aux commentaires d'autrui – pour certaines personnes, c'est presque le seul facteur d'importance et pour d'autres, cette importance est beaucoup moindre. Il s'agit simplement d'une autre façon de dire qu'il y a d'énormes différences dans le degré de leur autonomie.

Ayant travaillé plus de trente ans auprès de personnes qui sont maladivement préoccupées de l'opinion des autres, je suis persuadé que le moyen le plus efficace de s'en libérer est d'élever le niveau de conscience qu'on attache à sa propre expérience ; plus on monte le volume de ses signaux intérieurs, plus les signaux extérieurs tendent à reprendre leur place au juste milieu. Il s'ensuit, comme je l'ai écrit dans *Honoring The Self*, d'apprendre à écouter son corps, d'apprendre à écouter ses émotions, d'apprendre à penser par soi-même.

La fierté authentique

Si l'estime de soi relève de la connaissance de notre compétence et de notre valeur fondamentales, la *fierté* relève du plaisir plus explicitement conscient que nous tirons de nous-même à cause de nos actions et de nos réalisations. L'estime de soi regarde ce qu'il y a à faire et dit « je peux ». La fierté contemple ce qui a été accompli et dit « je l'ai fait ».

La fierté authentique n'a rien à voir avec la vantardise, les fanfaronnades ou l'arrogance. Elle provient d'une racine opposée. Sa source n'est pas le vide, mais la satisfaction. Elle n'est pas là pour « prouver », mais pour en tirer plaisir.

La fierté est la récompense émotionnelle de l'accomplissement. Ce n'est pas un vice à dominer, mais une valeur à atteindre. La réalisation entraîne-t-elle toujours la fierté ? Pas nécessairement, comme le démontre l'histoire suivante.

Le chef d'une moyenne entreprise m'a consulté parce que, disait-il, même s'il avait très bien réussi en affaires, il était déprimé et malheureux sans pouvoir comprendre pourquoi. Nous avons découvert qu'il avait toujours voulu être un chercheur scientifique, mais qu'il avait abandonné ce désir par respect de ses parents, qui le poussaient vers une carrière dans les affaires. Non seulement était-il incapable de ressentir plus que la fierté la plus superficielle pour ses réalisations, mais il était blessé dans son estime de soi.

La raison n'était pas difficile à trouver. Devant l'enjeu le plus important de sa vie, il avait cédé son esprit et ses valeurs aux désirs des autres, en raison du désir d'être « aimé » et « d'appartenir ». Évidemment, un problème d'estime de soi antérieur avait motivé cette capitulation.

Sa dépression reflétait une vie passée à faire bonne figure en ignorant ses besoins les plus profonds. Tant qu'il agissait dans ce cadre, la fierté et la satisfaction lui étaient inaccessibles. Aucune solution n'était possible tant qu'il ne serait pas prêt à remettre en question ce cadre et à faire face à la peur de le faire.

Il importe de comprendre ce point parce que nous entendons parfois les gens dire : « J'ai accompli tant de choses. Pourquoi je ne me sens pas plus fier de moi ? »

Même s'il y a plusieurs raisons pour lesquelles quelqu'un pourrait ne pas profiter de ses réalisations, il peut être utile de demander : « Qui a *choisi* vos objectifs ? Vous – ou la voix intérieure d'un certain être cher ? » Ni la fierté ni l'estime de soi ne peuvent être soutenues par la poursuite de valeurs de seconde main qui ne reflètent pas qui nous sommes vraiment.

Choix volontaire : ce que nous sommes disposés à faire

En ce qui concerne nos actions et notre comportement, notre estime de soi repose, en très grande partie, sur ce que nous sommes disposés à faire.

Je souligne cet aspect du choix volontaire parce que tout porte à croire que nous venons au monde avec certaines différences inhérentes qui peuvent faciliter ou compliquer l'acquisition d'une saine estime de soi – des différences ayant trait à l'énergie, à l'endurance, à l'aptitude à jouir de la vie, ainsi de suite. Je crois que dans les années à venir, nous allons apprendre que notre bagage génétique fait résolument partie de l'équation.

Et naturellement, l'éducation peut jouer un rôle important. Personne ne peut estimer le nombre de gens qui subissent tellement de torts dans la petite enfance, avant que la psyché ne soit complètement formée, qu'il est presque impossible que l'estime de soi émerge plus tard, à moins de psychothérapie intensive.

La recherche suggère que l'une des meilleures façons d'avoir une bonne estime de soi est d'avoir des parents qui en ont une et en font un exemple, comme l'indique clairement Stanley Coopersmith dans *The Antecedents of Self-Esteem*. En outre, si nous avons des parents qui nous élèvent dans l'amour et le respect, qui nous permettent de sentir une acceptation cohérente et bienveillante, qui nous donnent une structure de soutien faite de règles raisonnables et d'attentes réalistes, qui ne nous assaillent pas de contradictions, qui ne recourent pas au ridicule, à l'humiliation ou à la violence physique pour nous contrôler, qui projettent qu'ils croient en notre compétence et notre valeur – nous avons une bonne chance d'intérioriser leurs attitudes et, de ce fait, d'acquérir les fondations d'une saine estime de soi.

Mais aucune étude n'a jamais conclu que ce résultat est inévitable. L'étude de Coopersmith, par exemple, indique clairement qu'il ne l'est pas. Il y a des gens qui semblent avoir été superbement élevés selon les normes décrites ci-dessus et qui pourtant sont des adultes anxieux, qui doutent d'eux-mêmes. Et il y a des gens qui sont issus de milieux épouvantables, élevés par des adultes qui faisaient tout mal et qui pourtant réussissent bien à l'école, forment des relations stables et satisfaisantes, ont un solide sens de leur propre valeur et de leur propre dignité et qui, comme adultes, satisfont à tout critère rationnel d'une bonne estime de soi. C'est comme s'ils étaient venus sur terre pour confondre et déconcerter les psychologues.

Bien que nous ne connaissions peut-être pas tous les facteurs biologiques ou développementaux qui influent sur l'estime de soi, nous en savons passablement sur les pratiques spécifiques (volontaires) qui peuvent la hausser ou la diminuer. Nous savons qu'un engagement honnête à la compréhension inspire la confiance en soi et que l'évitement de cet effort a l'effet opposé. Nous savons que les gens qui vivent consciemment se sentent plus compétents que ceux qui vivent de façon irresponsable. Nous savons que l'intégrité engendre le respect de soi et que l'hypocrisie ne le fait pas. Nous *savons* tout cela implicitement, bien qu'il soit étonnant de voir à quel point il est rare que de telles questions fassent l'objet de discussions.

Soutenir l'estime de soi

Nous ne pouvons pas travailler directement sur l'estime de soi, pas plus la nôtre que celle des autres, parce que l'estime de soi est *une conséquence* – le produit de pratiques générées intérieurement – comme celle de vivre consciemment, de façon responsable, avec détermination et intégrité. Si nous comprenons ce que sont ces pratiques, nous pouvons nous engager à les *initier* à l'intérieur de nous et à nous conduire avec les autres de façon à les *inciter* ou à les *encourager* à en faire autant. Favoriser l'estime de soi dans la famille, à l'école ou en milieu de travail, par exemple, consiste à créer un environnement qui soutient et renforce les pratiques qui consolident l'estime de soi.

Comment se manifeste une saine estime de soi

L'estime de soi se manifeste dans notre être de façon plutôt simple et directe, notamment :

- un visage, des manières, une façon de parler et de bouger qui projettent le plaisir que l'on prend à être vivant ;

- une facilité à parler des accomplissements ou des déficiences avec honnêteté et sans détour, puisqu'on est en bons termes avec les faits ;

- une aisance à donner et à recevoir des compliments, des expressions d'affection, d'appréciation, ainsi de suite ;

- une ouverture à la critique et une aptitude à reconnaître ses erreurs, parce que l'estime de soi n'est pas liée à une image de « perfection » ;

- les paroles et les gestes tendent à avoir une qualité de fluidité et de spontanéité puisqu'on n'est pas en guerre avec soi-même ;

- une harmonie entre ce qu'on dit et ce qu'on fait, l'apparence, le son de la voix et les gestes qu'on a ;

- une attitude curieuse et ouverte aux nouvelles idées, aux nouvelles expériences, aux nouvelles possibilités de la vie ;

- les sentiments d'anxiété ou d'insécurité, s'ils se présentent, sont moins susceptibles d'intimider ou d'accabler la personne, puisque les accepter, les traiter et les surmonter semble rarement incroyablement difficile ;

- une capacité de jouir des aspects humoristiques de la vie, chez soi et les autres ;

- une souplesse à réagir aux situations et aux défis, mue par un esprit inventif et même espiègle, puisqu'on fait confiance à son intelligence et qu'on ne voit pas la vie comme une catastrophe ou une défaite ;

- une façon d'être à l'aise avec un comportement affirmatif (pas belliqueux) chez soi et les autres ;

- une capacité de préserver une qualité d'harmonie et de dignité dans des conditions de stress.

Puis, d'un point de vue purement physique, on peut observer des caractéristiques semblables aux suivantes :

- des yeux vifs, brillants et animés ;

- un visage qui est détendu et (sauf en cas de maladie) qui tend à afficher une teinte naturelle et une peau éclatante ;

- un menton qui se tient naturellement et est aligné au reste du corps ;

- une mâchoire détendue ;
- des épaules détendues mais droites ;
- des mains qui ont tendance à être détendues, gracieuses et discrètes ;
- des bras qui tombent de manière naturelle et détendue ;
- la posture tend à être souple, droite, bien équilibrée ;
- une démarche décidée (sans être agressive et autoritaire) ;
- une voix qui se module avec l'intensité appropriée à la situation, et une prononciation nette.

Remarquez que le thème de la détente revient à maintes reprises. La détente implique que nous ne nous cachons pas de nous-même et que nous ne sommes pas en guerre avec qui nous sommes. La tension chronique transmet un message d'une certaine forme de division intérieure, une certaine forme d'auto-évitement et d'autorépudiation, un certain aspect du soi qui est désavoué ou tenu en laisse très serré.

J'ai demandé à divers psychothérapeutes de différentes orientations théoriques par quels critères assez simples ils devineraient intuitivement l'estime de soi d'un patient. Il est intéressant de noter que le niveau d'accord parmi nous était élevé.

Quelle est la quantité d'estime de soi suffisante ?

Est-il possible d'avoir trop d'estime de soi ?

Non, ce n'est pas possible ; pas plus qu'il n'est possible d'avoir trop de santé physique. On confond parfois l'estime de soi avec la vantardise ou l'arrogance, quoique ces traits ne reflètent pas un excès d'estime de soi, mais trop peu. Ils reflètent un manque d'estime de soi. Les gens qui ont une forte estime de soi ne sont pas portés à s'affirmer supérieurs aux autres ; ils ne cherchent pas à prouver leur valeur en se mesurant à une norme comparative. Leur joie réside dans ce qu'ils sont, et non dans le fait d'être meilleurs que quelqu'un d'autre.

Provoquer le ressentiment chez ceux qui manquent de confiance

Il est vrai que les personnes dont l'estime de soi est problématique sont souvent mal à l'aise en présence de gens ayant une forte estime de soi, et peuvent même en éprouver du ressentiment et déclarer : « Ils ont *trop* d'estime de soi. »

Les hommes qui manquent de confiance en eux, par exemple, éprouvent souvent un sentiment d'insécurité en présence de femmes sûres d'elles. Les personnes ayant une faible estime de soi se sentent souvent irritables en présence de gens que la vie enthousiasme. Si, dans un couple, un partenaire dont l'estime de soi se détériore voit que celle de son partenaire grandit, la réaction est parfois l'anxiété et une tentative de faire échouer le processus de croissance.

La triste vérité est que quiconque réussit en ce monde court le risque de devenir une cible. Les gens de peu de réalisations envient souvent les gens qui accomplissent beaucoup. Ceux qui sont malheureux envient souvent ceux qui sont heureux et éprouvent du ressentiment à leur égard. Ceux qui ont peu d'estime de soi aiment parfois parler du danger d'avoir « trop d'estime de soi ».

4

RÉFLEXIONS SUR LES SOURCES DE L'ESTIME DE SOI

Je me souviens, enfant, d'avoir été extrêmement perplexe par le comportement des adultes, par ce que je percevais comme étant l'étrangeté et la superficialité de leurs valeurs, par le manque de congruence entre les déclarations et les sentiments, par une anxiété qui semblait saturer une bonne partie de l'atmosphère autour de moi, et par l'impression accablante que souvent les adultes ne savaient pas ce qu'ils faisaient, qu'ils étaient perdus et impuissants tout en prétendant être en contrôle. Cette expérience était douloureuse et parfois effrayante. Je voulais désespérément comprendre pourquoi les êtres humains se comportaient comme ils le faisaient. Quelque part dans mon esprit, à un très jeune âge, j'ai dû avoir la conviction que la connaissance est le pouvoir, la sûreté, la sécurité et la sérénité. Cette conviction a sans doute joué un rôle significatif dans le choix de ma profession.

Nous connaissons tous des moments de confusion, de désespoir et un sentiment douloureux d'impuissance ou d'insuffisance. La question est la suivante : *permettons-nous à de tels moments de nous définir ?*

Ce n'est pas que les gens ayant une forte estime de soi ne souffrent pas d'anxiété ou n'en font jamais l'expérience. Mais ces expériences ne les arrêtent pas. Ils ne s'identifient pas à leur peur ou à leur souffrance, tout comme s'ils étaient malades, ils ne s'identifieraient pas à leur maladie. Ils ne voient pas la souffrance comme étant l'essence de la vie.

Vivre consciemment, de façon responsable, avec intégrité

Le besoin d'estime de soi provient du fait que la fonction de notre conscience est volontaire, ce qui nous confère une tâche unique – celle de faire de nous des êtres compétents pour affronter les défis de la vie.

Nous y arrivons en vivant consciemment, de façon responsable, et avec intégrité.

Nous devrions nous juger nous-même d'après ce qui relève du contrôle de notre volonté, comme je l'ai déjà souligné. Nous juger d'après ce qui dépend de la volonté et des choix des autres est nettement dangereux pour notre estime de soi. La tragédie de millions de gens est que c'est justement ce qu'ils font.

L'estime de soi relève de notre adaptabilité fondamentale à la vie et, donc, des opérations mentales qui sous-tendent notre comportement. Si nous comprenons cela, nous pouvons facilement voir l'erreur qu'est de mesurer notre valeur selon des normes comme notre popularité, notre influence, notre niveau de vie, nos possessions matérielles, ou notre beauté.

Puisque nous sommes des êtres sociaux, une certaine mesure d'estime des autres est nécessaire. Mais rattacher notre auto-évaluation à l'opinion favorable des autres consiste à nous placer à leur merci de la façon la plus humiliante. Le désir de « plaire » (et d'éviter la désapprobation) peut nous mener à faire des choses qui *trahissent* notre estime de soi. Et qu'allons-nous faire quand les personnes dont nous désirons l'estime ont des attentes différentes, de sorte que gagner l'approbation de l'un de nos êtres chers équivaut à risquer la désapprobation d'un autre ?

Ou encore, nous pouvons tirer plaisir d'une apparence attrayante, mais rattacher notre estime de soi à notre apparence veut dire vivre dans une terreur croissante à chaque année qui passe, car les marques de l'âge nous rattrapent inévitablement. Et si notre beauté est de beaucoup supérieure à notre comportement, elle ne guérira pas les blessures psychiques infligées par la malhonnêteté, l'irresponsabilité ou l'irrationalité.

Un engagement à la conscience : la volonté de comprendre

Quand nous voyons des femmes et des hommes à l'estime de soi élevée, nous voyons un engagement ferme à la conscience comme mode de vie. Ils vivent *en toute conscience.*

Ils se préoccupent de savoir ce qu'ils font quand ils agissent, de se comprendre eux-mêmes ainsi que le monde qui les entoure – y compris la rétroaction qu'ils reçoivent, laquelle leur indique s'ils sont ou non dans le droit chemin en ce qui concerne leurs buts et objectifs.

Dans *Honoring the Self,* j'appelle cette attitude « la volonté de comprendre ».

L'étendue potentielle de notre conscience dépend de la mesure de notre intelligence, de l'ampleur de notre capacité d'abstraction, ce qui signifie notre capacité de saisir les relations (percevoir le lien entre les choses). Mais le principe de l'engagement à la conscience, ou à la volonté de comprendre, demeure le même pour tous les niveaux d'intelligence. Il implique le comportement qui consiste à chercher à intégrer tout ce qui entre dans notre champ mental – de même que l'effort de poursuivre l'expansion de ce champ.

Le commencement de l'affirmation de soi est l'affirmation de la conscience même, le geste de voir et de chercher à saisir ce que nous voyons, d'entendre et de chercher à saisir ce que nous entendons – ou réagir à la vie activement plutôt que passivement. Voilà le fondement d'une bonne estime de soi.

Le monde ahurissant des adultes

Nombre d'enfants vivent des expériences qui posent d'énormes obstacles au développement sain de cette attitude. Un enfant peut trouver incompréhensible et menaçant le monde des parents et des autres adultes. Le soi n'est pas nourri, mais attaqué. Après un certain nombre de vaines tentatives pour comprendre la conduite, les déclarations et le comportement des adultes, certains enfants abandonnent – et se blâment de leurs sentiments d'impuissance. Souvent, ils sentent tristement, désespérément et vaguement que quelque chose ne va vraiment pas – chez leurs aînés, en eux-mêmes ou dans *quelque chose.* Et ils en viennent souvent à croire ceci : « Je ne comprendrai jamais les gens ; je ne serai jamais capable de faire ce qu'ils attendent de moi ; je ne sais pas ce qui est bon ou mauvais, et je ne le saurai jamais. »

Développer une puissante source de force

L'enfant qui continue à se battre pour donner un sens au monde et aux gens qui l'habitent développe toutefois une puissante source de force, peu importe le niveau d'angoisse provenant de la confusion qu'il vit ou ressent. Pris dans un environnement particulièrement cruel, frustrant et irrationnel, il se sentira sans doute étranger à nombre de gens de son entourage immédiat, et avec raison. Mais l'enfant ne se sentira pas étranger à la réalité, il ne se sentira pas, au plus profond de lui, incompétent pour vivre – ou du moins, il a une chance relativement bonne d'éviter ce sort.

La personne qui maintient un engagement à la conscience en grandissant apprend sur des sujets, acquiert des compétences, accomplit des tâches – atteint des buts. Et naturellement, ces succès valident et renforcent le choix de penser. Le sentiment d'être adapté à la vie devient naturel.

Donc, un engagement à la conscience – un engagement à la rationalité, à la conscience, au respect de la réalité en tant que mode de vie – est à la fois source et expression d'une estime de soi positive.

Nous associons souvent l'estime de soi positive seulement au résultat – à la connaissance, au succès, à l'admiration et à l'appréciation des autres et en ratons la cause : tous les choix qui, cumulativement, s'additionnent à ce que nous appelons un engagement à la conscience, la volonté de comprendre. Nous pouvons donc nous illusionner sur les sources véritables de l'estime de soi.

La volonté d'être efficace

Là où nous voyons l'estime de soi, nous voyons ce que j'appelle « la volonté d'être efficace ».

Le concept de la volonté d'être efficace est un prolongement de la volonté de comprendre. Il met l'accent sur l'aspect de la persévérance face aux difficultés : continuer de chercher à comprendre quand la compréhension ne vient pas aisément ; poursuivre la maîtrise d'un talent ou la solution à un problème devant la défaite ; maintenir un engagement aux objectifs tout en rencontrant de nombreux obstacles sur la route.

La volonté d'être efficace est le refus d'identifier notre ego ou le soi aux sentiments passagers d'impuissance et de défaite.

Il y a longtemps, j'ai été témoin d'une rencontre entre deux collègues, un psychologue et un psychiatre, qui a eu de l'importance pour ma propre compréhension de la présente question. Les deux hommes étaient cousins germains et avaient grandi dans des milieux semblables. Ils avaient en commun de nombreux souvenirs pénibles du comportement de leurs aînés et d'autres parents.

« Tu as survécu à tout cela différemment de moi », a dit le psychiatre au psychologue. « Ils ne t'ont pas atteint. Je me suis toujours demandé ce qui te faisait persévérer. Parce que moi, je ne l'ai pas fait. J'ai abandonné en quelque sorte. »

Le psychologue a répondu : « Je me rappelle m'être senti plutôt accablé bien souvent. Mais quelque part au creux de moi, une voix semblait me dire « N'abandonne pas.

Tiens bon ». Tiens bon à demeurer conscient, j'imagine. Tiens bon à essayer de comprendre. Ne lâche pas la conviction qu'il est possible d'avoir la maîtrise de sa vie. Évidemment, ce ne sont pas les mots que j'utilisais enfant, mais c'était le sens. C'est ce à quoi je me suis accroché. »

« La volonté d'être efficace », ai-je ajouté impulsivement. La volonté d'être efficace – voilà un concept qui m'a aidé à expliquer quelque chose que j'avais observé chez mes clients et mes étudiants, le principe qui aide à comprendre la différence entre ceux qui se sentent fondamentalement vaincus par la vie et ceux qui n'ont pas ce sentiment.

La volonté d'être efficace – *le refus de la conscience humaine d'accepter l'impuissance comme un état permanent et inaltérable.*

Le « détachement stratégique », savoir que vous êtes plus que la somme de vos problèmes

Il est impressionnant de voir une personne qui a été battue par la vie de maintes façons, qui est déchirée par divers problèmes irrésolus, qui peut être étrangère à de nombreux aspects du soi – et qui pourtant se bat encore, lutte encore, s'efforce encore de trouver la voie vers une existence plus satisfaisante, mue par la sagesse que lui donne ceci : « Je suis davantage que mes problèmes. »

Les enfants qui survivent à des enfances extrêmement hostiles ont appris une stratégie de survie particulière qui relève de la présente question. Je l'appelle le « détachement stratégique ». Il ne s'agit pas du retrait de la réalité qui mène à des troubles psychologiques, mais plutôt d'un *désengagement,* calibré intuitivement, des aspects nocifs de leur vie de famille ou d'autres facettes de leur monde. Ils savent d'une certaine façon que *ce n'est pas tout ce qu'il y a.* Ils croient que *quelque part* il existe une meilleure alternative et qu'*un jour, ils vont trouver la façon d'y parvenir.* Ils persévèrent dans cette notion. Ils savent d'une certaine façon que *maman n'est pas toutes les femmes, papa n'est pas tous les hommes, cette famille ne contient pas toutes les possibilités de relations humaines – il y a une vie au-delà de ce quartier.* Cela ne les empêche pas de souffrir au présent, mais leur permet de ne pas en être détruits. Leur détachement stratégique ne garantit pas qu'ils ne connaîtront jamais de sentiments d'impuissance, mais il les aide à ne pas rester coincés là.

Que ce soit comme enfants ou comme adultes, avoir la volonté d'être efficaces ne veut pas dire que nous nions ou désavouons les sentiments d'inefficacité quand ils surgissent. Cela signifie que nous ne les acceptons pas comme étant permanents. Nous nous sentons temporairement impuissants sans définir notre essence comme étant impuissante. Nous pouvons nous sentir vaincus temporairement sans définir notre essence comme étant un échec. Nous pouvons nous permettre de nous sentir temporairement sans espoir, accablés, tout en gardant à l'esprit qu'après un repos, nous ramasserons les morceaux de notre mieux et recommencerons à aller de l'avant. Notre vision de la vie va au-delà des sentiments du moment. Le concept de soi peut s'élever au-dessus de l'adversité d'aujourd'hui. Voilà une des formes d'héroïsme possibles à une conscience volontaire.

L'estime de soi et le quotient intellectuel

Jamais une étude n'a suggéré qu'une bonne estime de soi était en corrélation avec le quotient intellectuel. Et ce n'est pas étonnant. L'estime de soi est une fonction, pas un don à la naissance, mais notre façon d'utiliser notre conscience – les choix que nous faisons concernant la perception, l'honnêteté de notre rapport à la réalité, le niveau de notre intégrité personnelle.

L'estime de soi n'est ni compétitive ni comparative. Son contexte est toujours la relation de la personne au soi et aux choix du soi. Une personne d'une grande intelligence et d'une estime de soi élevée ne se sent pas *plus* adaptée à la vie ou *plus* digne du bonheur qu'une personne ayant aussi une forte estime de soi et une intelligence plus modeste.

Une analogie peut se révéler utile. Deux personnes peuvent être de santé et de forme physique égales, mais l'une est plus forte que l'autre. La plus forte des deux ne connaît pas un niveau supérieur de bien-être ; elle peut tout simplement faire certaines choses que l'autre ne peut pas faire. En les regardant de l'extérieur, on peut dire que l'une jouit de certains avantages sur l'autre. Mais cela ne veut pas dire qu'il y a une différence dans le sentiment intérieur de bien-être et de vitalité.

La pensée indépendante

L'indépendance intellectuelle est implicite dans l'engagement à la conscience ou dans la volonté de comprendre. Une personne ne peut réfléchir par l'esprit d'une autre. Nous pouvons apprendre les uns des autres, mais la connaissance entraîne la compréhension, pas seulement la simple répétition ou imitation. Nous pouvons exercer notre propre esprit ou céder à d'autres la responsabilité de la connaissance et de l'évaluation, et accepter leurs verdicts avec plus ou moins d'esprit critique. Le choix que nous faisons est crucial pour la façon dont nous nous percevons et pour le genre de vie que nous créons.

Les intentions et les buts sont décisifs

Que nous soyons parfois influencés par les autres à notre insu ne change pas le fait qu'il y a une distinction entre la psychologie de ceux qui tentent de comprendre les choses pour eux-mêmes, de penser par eux-mêmes, de juger par eux-mêmes, et la psychologie de ceux à qui cette possibilité apparaît rarement. Ce qui est essentiel ici est la question de l'intention, la question du but d'une personne.

Je me souviens d'une cliente en thérapie qui m'a dit une fois : « Je ne peux pas comprendre pourquoi je dépends toujours de l'opinion des autres. »

Je lui ai demandé : « Lorsque vous grandissiez, avez-vous jamais *voulu* être indépendante – avez-vous jamais fait de l'indépendance un but ? »

Elle a réfléchi un moment, puis a répondu : « Non. »

J'ai dit : « Ne vous surprenez pas alors de n'y être pas parvenue. »

Il est utile de parler de « pensée indépendante » parce que la redondance a une valeur en termes d'insistance. Souvent, ce que les gens appellent la « pensée » est simplement le recyclage des opinions des autres. Nous pouvons donc dire que penser de façon indépendante – au sujet de notre travail, de nos relations, des valeurs qui vont guider notre vie, des buts que nous allons nous fixer – engendre l'estime de soi. Une saine estime de soi résulte en une inclination naturelle à penser de façon indépendante.

L'estime de soi s'acquiert, elle n'est pas innée

À ne voir que la queue du processus que je décris, une personne pourrait dire : « C'est facile pour lui de penser de façon indépendante. Regarde à quel point il a de l'estime de lui-même. » Mais l'estime de soi n'est pas innée, elle s'acquiert.

Une des façons d'acquérir l'estime de soi consiste à penser de façon indépendante quand ce n'est pas facile de le faire, quand cela peut même être effrayant, quand la personne qui s'adonne à la réflexion est aux prises avec des sentiments d'incertitude et d'insécurité et qu'elle choisit néanmoins de persévérer. Ce n'est pas toujours facile de soutenir notre propre jugement, et si c'est devenu facile, c'est en soi une victoire psychologique – parce que dans le passé, il y a certainement eu des moments où ce n'était pas facile, quand les pressions à l'encontre de la pensée indépendante étaient considérables, et quand nous devions faire face à l'anxiété et la supporter.

Quand un enfant découvre que ses perceptions, ses sentiments ou ses jugements entrent en conflit avec ceux des parents ou d'autres membres de la famille, il se demande s'il doit tenir compte de la voix du soi ou s'il doit la renier en faveur de la voix des autres. Quand une femme croit que son mari a tort sur une question fondamentale, elle se demande si elle doit exprimer ses pensées ou les garder pour elle et protéger ainsi la « solidité » de la relation. Quand un artiste ou un scientifique aperçoit une voie qui l'entraînerait loin des croyances et des valeurs consensuelles de ses collègues, loin des principaux courants de pensée et d'orientation contemporaines, la question se soulève alors, à savoir s'il doit emprunter cette voie solitaire, où qu'elle mène, ou s'en éloigner. L'enjeu et le défi dans toutes ces situations demeurent les mêmes.

Une personne doit-elle honorer ses signaux intérieurs ou les désavouer ?

- Indépendance *versus* conformité.
- Expression de soi *versus* répudiation de soi.
- Affirmation de soi *versus* capitulation de soi.

L'héroïsme de la conscience

Bien que ce soit parfois nécessaire, nous n'aimons pas normalement passer de longues périodes à être éloignés des pensées et des croyances des personnes de notre entourage, surtout de celles que nous respectons et aimons. L'une des formes les plus importantes de l'héroïsme est l'héroïsme de la conscience, l'héroïsme de la pensée ; la volonté de tolérer la solitude.

Comme tout autre trait psychologique, l'indépendance est une question de degré. Bien que personne ne soit parfaitement indépendant ou désespérément dépendant tout le temps, plus notre niveau d'indépendance est élevé et plus nous sommes disposés à penser par nous-mêmes, plus le niveau de notre estime de soi tend à être élevé.

Apprendre à discerner

Personne ne peut se sentir proprement efficace (c'est-à-dire compétent à affronter les défis fondamentaux de la vie) s'il n'a pas appris à faire la différence entre, d'une part, les faits et, d'autre part, les désirs et les peurs.

La tâche est parfois difficile parce que les pensées elles-mêmes sont invariablement teintées ou même saturées d'émotions. Pourtant, en maintes occasions, nous pouvons reconnaître que le désir d'exécuter une certaine action n'est pas une preuve que nous devrions passer à l'acte. Déguerpir d'une pièce au milieu d'une dispute quand nous devenons contrariés, par exemple. Et le fait que nous craignions d'exécuter une certaine action n'est pas une preuve que nous devrions éviter de l'accomplir. Aller chez le médecin pour un examen quand il y a des symptômes de maladie est un autre exemple.

Si nous faisons un achat que nous savons ne pas pouvoir nous permettre et que nous évitons de penser aux factures à venir que nous ne pourrons pas payer, nous avons abandonné notre conscience à nos désirs. Si nous ignorons les signes de danger dans un mariage et que nous nous déclarons ensuite ahuris et consternés lorsque l'union explose finalement, nous avons subi les conséquences pour avoir sacrifié la conscience à la peur.

Notre intention cachée

En ce qui concerne notre estime de soi, la question n'est pas de savoir si nous sommes infaillibles lorsqu'il s'agit de distinguer parmi les faits, les désirs et les peurs, et de choisir la conscience au lieu d'une forme quelconque d'évitement. La question relève plutôt de notre intention cachée.

Lorsque nous décrivons une personne comme étant « fondamentalement honnête », au sens où nous l'entendons ici, nous ne voulons pas dire qu'elle est imperméable à l'influence des désirs et des peurs, mais plutôt qu'il y a une *intention* et un *désir* prononcés et évidents de voir les choses telles qu'elles sont.

Nous ne pouvons pas toujours savoir avec certitude si nous sommes rationnels ou honnêtes, mais nous pouvons certainement nous en préoccuper, nous en soucier. Nous ne sommes pas toujours libres de réussir dans notre pensée, mais nous sommes toujours libres d'essayer.

La somme cumulative de nos choix en cette matière entraîne un sens inné d'honnêteté ou de malhonnêteté fondamentale – une responsabilité ou une irresponsabilité fondamentale envers l'existence. Depuis l'enfance et par la suite, certaines personnes sont beaucoup plus intéressées que d'autres aux questions de vérité et en sont plus respectueuses. Certaines autres agissent comme si les faits n'ont pas à être les faits si l'on ne choisit pas de les reconnaître, comme si la vérité est non pertinente, et que les mensonges ne sont des mensonges que si quelqu'un les découvre.

La tâche de la conscience consiste à percevoir ce qui existe, au meilleur de notre aptitude. Honorer la réalité – la perception de ce qui existe – est honorer la conscience, et honorer la conscience est honorer l'estime de soi.

L'intégrité

Là où nous voyons l'estime de soi, nous voyons un comportement en accord avec les valeurs, les convictions et les croyances professées par la personne. Nous voyons l'intégrité.

Lorsque nous nous comportons de façon qui contredit ce que nous jugeons approprié, nous perdons la face à nos propres yeux. Nous nous respectons moins. Si notre conduite devient une habitude, nous nous faisons moins confiance – ou perdons toute confiance en nous.

Dans leur empressement à se dissocier de la philosophie en général et de la morale en particulier, les psychologues sont souvent mal à l'aise avec tout ce qui sonne comme une référence à la moralité, dans le contexte de la psychothérapie ou du bien-être psychologique. Par conséquent, ils peuvent ignorer le fait évident que l'intégrité est en effet l'un des gardiens de la santé mentale, et qu'il est cruel et trompeur d'encourager les gens à croire que la pratique d'un « regard positif inconditionnel » sur eux-mêmes leur apportera un amour de soi sans mélange, sans tenir compte de la question de leur intégrité personnelle.

Valeurs, principes et normes

Parfois, une personne cherche à fuir le fardeau de l'intégrité en reniant, ou en disant renier, toutes les valeurs et les normes. La vérité, c'est que les êtres humains ne peuvent réussir à régresser à un niveau d'évolution inférieur ; nous ne pouvons pas reculer à une époque antérieure à la possibilité de penser selon des principes et une planification à long terme. Nous sommes des êtres conceptuels, c'est notre nature, et nous ne pouvons pas fonctionner avec succès en étant moins. Il nous faut des valeurs pour guider nos actions. Il nous faut des principes pour guider notre vie. Nos normes peuvent être adaptées ou inadaptées aux exigences de notre vie et de notre bien-être, mais vivre sans normes quelconques est impossible. La rébellion si profondément contre notre nature qu'est la tentative d'écarter toutes les valeurs, principes et normes est en soi une expression d'estime de soi appauvrie, et une garantie que l'appauvrissement sera continu.

Reconnaissons que la question de vivre en accord avec nos normes n'est pas toujours simple. Et si nos normes étaient fausses ou irrationnelles ?

Un code de valeurs

Nous pouvons accepter un code de valeurs qui fait violence à nos besoins en tant qu'organismes vivants. Par exemple, certains enseignements religieux condamnent implicitement ou explicitement le sexe, le plaisir, le corps, l'ambition, la réussite matérielle et, à toutes fins utiles, condamnent toute jouissance de la vie sur terre. Cette acceptation de normes qui nient la vie est un énorme problème au sujet duquel j'ai écrit dans *The Psychology of Self-Esteem* et *Honoring the Self*.

J'observerai simplement ici que, lorsque nous constatons que vivre à la hauteur de nos normes semble nous mener à l'autodestruction, le temps est manifestement venu de remettre en question nos normes, plutôt que de simplement nous résigner à vivre sans intégrité. Il se peut que nous devions trouver le courage de contester certaines de nos hypothèses les plus enracinées concernant ce qu'on nous a enseigné à considérer comme le bien.

L'acceptation de soi

Là où nous voyons l'estime de soi, nous voyons l'acceptation de soi. Les personnes à l'estime de soi élevée tendent à éviter de tomber dans un rapport d'adversité avec elles-mêmes.

Si nous voulons grandir et changer, nous devons commencer par apprendre l'acceptation de soi. Selon mon expérience, l'acceptation de soi n'est pas un concept facile à comprendre pour la plupart des gens. (Le plus long chapitre de *How to Raise Your Self-Esteem* est consacré à cette question.) La tendance est d'assimiler l'acceptation de soi à l'approbation de chaque aspect de notre personnalité (ou apparence physique) et au déni que tout changement ou amélioration puisse être désirable.

S'accepter soi-même ne veut pas dire être exempt de tout désir de changer, de s'améliorer, d'évoluer. Cela veut dire ne pas être en guerre avec nous-même – ne pas nier la réalité de ce qui est vrai de nous, à ce moment précis de notre existence. Nous traitons ici de la question du respect et de l'acceptation des faits dans ce cas-ci, les faits sur notre propre personne.

Nous accepter nous-même est accepter le fait que ce que nous pensons, ressentons et faisons sont toutes des expressions du soi *au moment où elles surviennent.* Tant et aussi longtemps que nous ne pouvons pas accepter le fait de ce que nous sommes à tout moment donné de notre existence, tant et aussi longtemps que nous ne pouvons nous permettre entièrement d'être conscients de la nature de nos choix et de nos actions, que nous ne pouvons laisser entrer la vérité dans notre conscience, nous ne pouvons pas changer.

Accepter ce que je suis exige que j'aborde la contemplation de ma propre expérience avec une attitude qui rend le concept de l'approbation ou de la désapprobation non pertinent : *le désir d'être conscient.*

L'acceptation de soi inconditionnelle

Il y a encore un autre niveau plus profond où il nous faut comprendre l'acceptation de soi. L'acceptation de soi, au sens le plus poussé, fait référence à une attitude de valeur de soi et d'engagement envers soi qui découle fondamentalement du fait que je suis vivant et conscient. C'est plus profond que l'estime de soi. C'est un acte d'affirmation de soi qui précède le rationnel et la morale – un genre d'égoïsme primitif acquis de droit à la naissance de tout organisme conscient. Pourtant, les êtres humains ont le pouvoir d'agir à l'encontre de cette profonde affirmation de soi ou de l'invalider.

Une attitude d'acceptation de soi est précisément ce à quoi un psychothérapeute efficace s'efforce d'éveiller chez une personne ayant même la plus faible estime de soi. Cette attitude peut inspirer une personne à faire face à ce qu'elle redoute le plus de rencontrer en elle-même, sans tomber dans la haine de soi, répudier la valeur de sa personne, ou abandonner le désir de vivre. Ainsi, une personne peut être malheureuse d'avoir une faible estime de soi, et pourtant l'accepter avec les doutes de soi et les sentiments de culpabilité. « Je les accepte comme faisant partie de ce que je connais de moi en ce moment. »

À ce niveau, l'acceptation de soi est inconditionnelle. L'estime de soi ne l'est pas, et ne peut pas l'être.

Quand je m'aventure à communiquer le concept de l'acceptation de soi aux clients en thérapie, je rencontre parfois des protestations. « Mais je n'*aime* pas la façon dont je suis. Je veux être différent. » Ou « Je vois des gens que j'admire des gens qui sont forts, confiants, affirmés. C'est comme ça que je veux être. Pourquoi devrais-je accepter d'être une non-entité ? »

Nous pouvons noter ici les deux erreurs déjà mentionnées : la croyance que si nous acceptons qui et ce que nous sommes, nous devons tout approuver à notre sujet, et la croyance que si nous acceptons qui et ce que nous sommes, nous sommes indifférents au changement ou à l'amélioration.

L'acceptation de soi facilite le changement

Je me souviens d'une cliente qui insistait sur le fait qu'elle ne pouvait ressentir rien d'autre que du dégoût pour elle-même à cause de son incapacité de refuser les avances sexuelles d'un homme. Je lui ai demandé si c'était réellement vrai qu'elle se voyait comme une femme incapable de dire non. « Oui », répondit-elle en larmes. Je lui ai demandé si elle était disposée à accepter ce fait. « Je déteste ça ! » a-t-elle répliqué.

Je lui ai dit que, puisque c'était vrai qu'elle se voyait ainsi, était-elle prête à accepter cette vérité et à l'admettre ? Après avoir d'abord hésité, elle a dit : « J'accepte le fait que je me vois comme une femme qui ne peut dire non. »

Quand je lui ai demandé comment le fait de le dire la rendait, elle a répondu : « En colère. »

Puis, je lui ai demandé si elle pouvait accepter le fait qu'elle se sent très en colère quand elle reconnaît se percevoir comme une femme incapable de dire non.

Elle a dit avec indignation : « Je *refuse* d'accepter le fait que je suis ce genre de personne ! »

Je lui ai demandé : « Alors comment pouvez-vous jamais espérer changer ? »

Je l'ai guidée dans plusieurs exercices psychologiques visant à faciliter son acceptation de son état présent. Essentiellement, ces exercices consistaient à l'aider à savoir que c'était ainsi qu'elle était *pour le moment.* Après un certain temps, elle a déclaré un changement de sentiment, elle a abandonné la lutte contre elle-même. Elle a commencé à se détendre avec l'impression qu'« à ce moment-ci de ma vie, ceci est une partie de qui je suis ».

« C'est tellement étrange, observa-t-elle. Rien n'a changé. J'ai encore le problème. Mais je me sens plus calme, j'ai cessé de me crier après. Ce n'est… qu'un fait à mon sujet. Je ne l'aime pas, mais c'est un fait. Je l'admets. Pas seulement avec des mots mais, vous savez, je l'ai vraiment accepté comme vrai. Rien n'a changé, et pourtant je me sens comme si j'avais plus de respect envers moi-même. »

Puis, elle a fait la déclaration la plus importante. « Et comme je commence à accepter la réalité de ce que j'ai fait, de la façon dont j'ai vécu, il semble qu'il serait beaucoup plus difficile de continuer à le faire – je veux dire, de continuer à faire des choses que je désapprouve. Des choses qui sont humiliantes. Peut-être est-ce pourquoi j'ai résisté à l'accepter. Dès que l'on cesse de lutter et que l'on accepte, quelque chose commence à se produire. »

Le pouvoir de l'autoresponsabilité

Quand je travaille avec des clients en psychothérapie, je suis intrigué de saisir le moment où la croissance semble soudainement jaillir. J'observe souvent que la transformation la plus radicale survient après que le client se rend compte que *personne ne viendra à la rescousse.* « Quand je me suis finalement permis de faire face complètement à ma propre responsabilité pour ma vie, m'a dit plus d'un client, j'ai commencé à grandir. J'ai commencé à changer. Et mon estime de soi s'est mise à grandir. »

En réalité, nous sommes responsables de nos choix et de nos actions. Pas responsables en tant que réceptacle du blâme moral ou de la culpabilité, mais responsables en tant que premier agent causal de notre vie et de notre comportement.

Je ne veux pas laisser entendre qu'une personne ne souffre jamais par accident ou par la faute des autres, ni qu'une personne est responsable de tout ce qui peut lui arriver dans la vie. Nous ne sommes pas omnipotents. Mais l'autoresponsabilité est nettement indispensable à une bonne estime de soi. Éviter l'autoresponsabilité nous brime quant à notre propre vie. Cela nous laisse impuissants. C'est exactement de cette idée que bien des gens doivent se libérer s'ils veulent évoluer vers un sens de la vie qui ne soit pas tragique.

Il y a une prise en charge de soi lorsqu'on déclare (et qu'on le pense !) :

« Je suis responsable de l'atteinte de mes buts et de mes désirs. »

« Je suis responsable de mes choix et de mes actions. »

« Je suis responsable de la façon dont je m'y prends avec les gens. »

« Je suis responsable du niveau de conscience et d'attention que j'applique à mon travail. »

« Je suis responsable des décisions qui guident ma vie. »

« Je suis responsable de mon bonheur personnel. »

Il y a encore beaucoup à dire sur les conditions d'une estime de soi réussie – plus que ne peut aborder le présent ouvrage. Ce que je propose ici, ce sont des observations générales sur les principes de base.

Les racines de l'estime de soi sont intérieures

L'estime de soi prend racine intérieurement dans les opérations mentales – plutôt que dans les succès ou les échecs extérieurs. C'est un point essentiel à comprendre.

Le défaut de comprendre ce principe cause une quantité incalculable d'angoisse et de doutes de soi inutiles. Si nous nous jugeons par des critères qui impliquent des facteurs hors du contrôle de notre volonté, inévitablement, le résultat est une estime de soi précaire qui est en péril chronique. Mais notre estime de soi ne doit pas être affectée ou affaiblie si, malgré nos efforts les plus louables, nous échouons dans une entreprise en particulier, même si nous n'éprouvons pas le même sentiment de fierté que nous aurions ressenti si nous avions réussi.

En outre, il faut se souvenir que le soi n'est pas une entité statique, finie, mais une création en perpétuelle évolution, un déploiement de nos possibilités, exprimé dans nos choix, nos décisions, nos pensées, nos jugements, nos réactions et nos actions. Nous percevoir comme étant fondamentalement et immuablement bons ou mauvais – indépendamment de notre mode de fonctionnement présent et futur – équivaut à nier les faits que sont la liberté, l'autodétermination et l'autoresponsabilité. Nous portons toujours en nous la possibilité du changement.

Nous ne sommes jamais tenus d'être les prisonniers des choix d'hier.

5

LE POUVOIR DE L'ESTIME DE SOI DANS LE MILIEU PROFESSIONNEL

L'estime de soi est peut-être la ressource psychologique la plus importante que nous possédions pour nous aider à relever les défis de l'avenir. Ces défis sont particulièrement évidents en milieu de travail où il devient manifeste que l'estime de soi n'est pas un luxe émotionnel, mais bien une exigence de survie.

La recherche récente contribue à clarifier le rôle important que joue l'estime de soi dans notre capacité de prendre des risques, d'acquérir de nouvelles compétences, d'être créateur, d'accepter les commentaires, de traiter les autres équitablement et avec bienveillance, d'être productif et sûr de soi. Nous devons cultiver ces traits importants afin de fonctionner de façon optimale dans notre famille, nos associations et notre communauté.

Nous en sommes à un moment de l'histoire où l'estime de soi, qui a toujours été un besoin de survie psychologique d'une extrême importance, est maintenant aussi devenue un besoin de survie économique d'une extrême importance.

Nous avons été témoins du passage d'une société de fabrication à une société d'information – et d'une économie intérieure à une économie mondiale. Nous vivons à une époque de changements extraordinairement rapides, de percées scientifiques et psychologiques phénoménales. Le travail physique occupe une part de plus en plus minime de notre activité économique, le travail intellectuel est en hausse. Nous vivons l'époque des travailleurs du savoir. De nouvelles techniques de gestion appropriées doivent être développées pour gérer une main-d'œuvre plus instruite, plus indépendante et plus créatrice. Même les psychothérapeutes et les intervenants doivent être plus sensibilisés à ces questions, alors qu'ils voient plus de clients souffrant de stress lié au travail.

Les développements en milieu de travail en cette époque de changements, de choix et de défis accélérés exigent une plus grande capacité d'innovation, d'autogestion, de responsabilité et d'orientation personnelles – toutes des qualités d'une estime de soi élevée.

Se faire confiance

Le sens le plus fondamental de l'estime de soi est de faire confiance à votre propre esprit, à vos propres processus mentaux. Par conséquent, c'est la confiance dans votre capacité d'apprendre, de juger, de décider. Ainsi, la première façon dont nous pouvons concevoir l'estime de soi comme un besoin de survie est dans le contexte de la réalisation que, pour les humains, l'esprit, ou la conscience, est le moyen de base de la survie sur lequel nous nous fions pour nous garder en contact avec la réalité et guider notre comportement de façon appropriée.

Une personne qui, à un niveau profond, se méfie de son propre esprit est gravement désavantagée pour composer avec les choix et les options que présente la vie.

Voyez l'estime de soi positive comme étant le système immunitaire de la conscience, procurant résistance, force et une capacité de régénération pour relever les défis de la vie.

La capacité de prendre des décisions

Des études menées auprès de cadres supérieurs indiquent qu'une des principales causes d'échec est l'incapacité de prendre des décisions. Cette incapacité est attribuable à une estime de soi problématique – la méfiance à l'endroit de son propre esprit et de son propre jugement.

Dans de nombreuses situations, une grande quantité d'informations doit être obtenue et analysée pour que les administrateurs prennent de bonnes décisions, et l'apport des autres est certainement un facteur contributif. On a beaucoup écrit sur la valeur de prendre des décisions « équilibrées », mais cela doit vouloir dire davantage que simplement recueillir des votes. L'unanimité de la pensée peut en fait nous éloigner des choix innovateurs.

Lignes directrices pour prendre des décisions

À mon avis, la prise de décisions consiste à regarder le contexte le plus large possible au moment de prendre vos décisions. Ou vous demander :

1. Quels sont tous les facteurs que je connais qui peuvent influencer ma décision ?

2. Quelles sont toutes les conséquences prévisibles de ma décision ?

3. Qui est susceptible d'en être affecté et comment ?

Autrement dit, une personne très consciente recherche la plus grande quantité de renseignements possible qu'elle peut trouver pour guider le processus décisionnel. Ce n'est pas une question de ma décision contre celle d'un autre. C'est une question de respect des faits, de respect de la vérité. L'une des marques d'une saine estime de soi est une solide orientation de la réalité – et ensuite, faire confiance à votre propre esprit pour prendre la bonne décision.

Il y aura des contextes où une saine estime de soi implique ou même exige d'obtenir l'apport d'autrui, bien que cela ne veuille pas nécessairement dire mener des sondages d'opinion. Une personne peut être beaucoup plus avancée que les autres personnes impliquées et capable de voir des choses qui échappent aux autres. Par exemple, les frères Wright ne se sont pas donné la peine de faire des sondages.

La prise de décision par consensus a sa place, mais elle dépend dans une certaine mesure de l'habileté des innovateurs ou des visionnaires à faire passer leurs idées. Certains ne sont pas capables d'exprimer clairement leur vision afin d'obtenir l'appui qu'il faut à ce qui pourrait être la meilleure décision. Des idées très importantes se perdent à cause de cette incapacité.

Pour qu'un innovateur fasse comprendre le nouveau produit ou la nouvelle technique ou la nouvelle méthode de gestion, un niveau élevé d'estime de soi est d'une valeur inestimable.

Approcher les autres dans un esprit bienveillant

Les gens qui sont heureux d'être eux-mêmes, qui se font confiance et sont en paix avec eux-mêmes sont libres émotionnellement et psychologiquement d'approcher les autres dans un esprit bienveillant. Ceux qui ont une estime de soi positive tendent à inciter à la coopération, à l'enthousiasme partagé et au consensus plus facilement que les gens qui doutent davantage d'eux-mêmes, qui sont peu assurés et qui pensent selon un modèle de « toi contre moi » ou de « gagnant-perdant » des relations humaines.

Qu'il s'agisse de gens dans le contexte d'une grande organisation ou dans leur vie personnelle, ceux qui se font confiance tendent à traiter les autres avec beaucoup plus de respect et de bienveillance que ceux qui ne le font pas, et les résultats de leur capacité à obtenir un consensus sont prévisibles.

La conviction d'être digne de succès

Ceci relève également de la composante « mérite » de l'estime de soi – cette conviction que nous sommes dignes et méritants de succès, de bonheur, de confiance, de respect et d'amour.

Tout de la vie consiste à poursuivre des valeurs. Pour poursuivre des valeurs, je dois apprécier le bénéficiaire de mes valeurs, c'est-à-dire moi-même. Si, dans mon for intérieur, je ne me sens pas digne de succès ou de bonheur, je ne les atteindrai fort probablement pas et, si je les atteins, je n'en profiterai sans doute pas. Nous voyons souvent des gens au travail qui se sentent capables mais non dignes. Alors, ils peinent et ils peinent et ne se sentent jamais le droit de se reposer et de profiter de ce qu'ils ont fait.

Les gens qui doutent de leur efficacité et de leur valeur tendent à avoir peur des autres et, conséquemment, peuvent tendre à tomber dans des relations hostiles à leur égard. Ces gens sont perçus comme une menace.

Si, au contraire, nous avons confiance dans notre efficacité et notre valeur, nous sommes beaucoup moins susceptibles de tomber dans la mentalité « toi contre moi ». Nous sommes plus enclins à former des relations de coopération et à être habiles à dégager un consensus.

Niveaux élevés de coopération sociale

Le psychologue Allan S. Watterman a fait une étude détaillée de toute la documentation qui existe sur la coopération sociale et dans quelle mesure elle est en corrélation avec une individualité très développée. Il a constaté que la corrélation était très positive non seulement avec la coopération sociale, mais avec les qualités de bienveillance, de générosité et de compassion.

Les gens ayant une forte estime de soi ne sont pas portés à se rendre supérieurs aux autres ; ils ne cherchent pas à prouver leur valeur en se mesurant à une norme comparative. Leur joie se situe dans ce qu'ils sont, et non pas en étant meilleurs que quelqu'un d'autre.

Le sentiment de faire une différence

J'ai déjà travaillé avec une équipe plutôt improductive. L'une des principales causes était que les membres de cette équipe ne sentaient pas qu'ils pouvaient faire une différence. Ils ne croyaient pas du tout que leur contribution allait compter. Plus ils se sont mis à croire que leur apport importerait, plus ils ont collaboré facilement les uns avec les autres. C'était clairement une question d'estime de soi.

C'est un désir humain fondamental que d'être visible aux autres, d'être vu et apprécié pour qui nous sommes. Et il est naturel de vouloir travailler dans un milieu qui nous soutient, qui soutient notre estime de soi, qui soutient l'opinion que notre apport peut et fera une différence.

À mesure que changent les cycles économiques, il y a des périodes où les gens sont au chômage ou craignent de l'être. Les moments difficiles se supportent mieux par ceux dont l'estime de soi et les sentiments de compétence et de valeur personnelle ne découlent pas exclusivement de leur emploi.

Compétence : sécurité intérieure

J'entends par compétence la sécurité intérieure qui provient de la confiance en ses propres processus mentaux, et non du fait de baser ses sentiments de valeur personnelle sur les résultats qui ne dépendent pas toujours uniquement de soi.

Il y a longtemps, j'ai donné un séminaire sur l'estime de soi à Detroit, quand le gouvernement hésitait encore à décider s'il allait ou non renflouer Chrysler. Il y avait un certain nombre de cadres de Chrysler dans mon cours, et je leur ai dit : « Voici ce qui ne va pas en basant votre estime de soi sur le rendement en soi ou sur la capacité en soi de gagner un revenu. Des gens que vous ne connaissez même pas essaient de décider de renflouer ou non Chrysler. Est-il sensé de mettre votre estime de soi entre leurs mains ? Si cette idée vous choque, tant mieux ; moi, elle me choque. Il est absolument insensé que votre estime de soi soit à la merci de facteurs qui sont entièrement indépendants de votre contrôle. »

C'est un concept très difficile à accepter et à comprendre pour bien des gens. Pour les hommes de notre culture, et de plus en plus pour les femmes, avoir de la valeur est lié à retirer un salaire ou avoir un emploi où l'on réussit bien.

L'estime de soi est ancrée dans notre capacité d'apprendre

Parce que le savoir évolue si rapidement, nous tous, pour demeurer efficaces, devons nous engager à apprendre toute notre vie. Pour bon nombre, cela représente un important changement d'attitude. Ce n'est pas facile d'adopter une approche plus abstraite où l'estime de soi est ancrée non pas dans ce que nous avons ou savons, mais dans notre capacité d'apprendre. Ceci est important, et pas seulement dans une conjoncture économique instable. *Tout* changement imprévisible peut obliger à apprendre quelque chose de nouveau et une personne devrait penser selon ses processus, plutôt que ses compétences.

Par exemple, il est plus utile de demander : « Comment suis-je passé de ne rien savoir en génie (ou en vente, formation, etc.) à en savoir un bout ? Qu'est-ce que je sais déjà sur l'apprentissage de choses inconnues que je peux appliquer à ce nouveau défi ? »

Attentes de succès élevées

Ceux qui sont en position d'encadrer ou de former les autres doivent cultiver une appréciation de la capacité d'apprendre. En milieu de travail, les administrateurs doivent avoir des attentes de succès élevées pour eux-mêmes et ceux qu'ils dirigent et, en même temps, créer un environnement où il est accepté de faire des erreurs raisonnables. Créer un environnement discipliné, qui prend des risques et est non punitif n'est pas tâche facile. Tenir les gens à des niveaux d'attente élevés tout en leur permettant de grandir et d'apprendre n'est pas contradictoire, mais pour le mettre en œuvre, il faut y réfléchir attentivement.

Vous pourriez débuter avec la prémisse qu'ils vont avoir quelque chose de valable et d'intéressant à dire. Et si vous ne pouvez pas vraiment croire que la personne peut penser et que son opinion vaut quelque chose, pensez à comment vous agiriez si vous y croyiez *vraiment*. Puis pratiquez ces comportements pendant 30 à 60 jours et remarquez les changements qui se produisent.

Pour ce qui est de fixer des attentes élevées, quand vous déléguez du travail, demandez à la personne si elle peut accomplir la tâche, si elle est disposée à être responsable de la livrer, etc. Tâchez d'obtenir une entente ferme sur ce qui a été promis. Puis, examinez-la après que la tâche est terminée.

Responsabilité d'établissement des objectifs

Autant que possible, il est préférable qu'un groupe détermine ses propres attentes et objectifs qui s'inscrivent dans le cadre des buts de l'organisation, car cela renforce l'expérience d'autonomie personnelle. Et certaines études disent que lorsque les groupes fixent leurs propres objectifs, ils ne tendent à en déterminer de plus élevés que lorsque d'autres personnes les fixent pour eux.

Les administrateurs ayant une estime de soi positive ont moins de difficultés à lâcher prise sur l'établissement des objectifs et d'autres tâches. Pour appliquer des techniques de gestion comme l'établissement partagé des objectifs, il vaut probablement la peine d'inclure un expert de l'estime de soi qui peut expliquer clairement quelle différence cela fera en milieu de travail et pourquoi.

Au départ, les séminaires de formation sur l'estime de soi servent l'objectif d'intégrer l'information aux pratiques quotidiennes. Quand les gens comprennent comment fonctionne l'estime de soi dans la psyché humaine, ils décèlent des possibilités d'application qui échappent à ceux qui y sont étrangers.

Un administrateur n'est pas un psychothérapeute, et on ne peut s'attendre à ce qu'il le soit. Je n'ai jamais cru que les administrateurs devraient l'être. En outre, les employés ne s'inscrivent pas à la psychothérapie de leur supérieur, même si celui-ci le souhaiterait.

Défiez, stimulez et commandez le maximum

Les études suggèrent que nous obtenons le meilleur des gens quand nous leur en demandons un peu plus qu'ils ne croient pouvoir donner. Autrement dit, nous leur demandons un effort maximal. Nous visons haut, mais pas assez haut pour être paralysés. Je crois que le même principe peut s'appliquer à nous-même. Les administrateurs doivent fixer leurs attentes à leur propre endroit de façon réaliste, certes, mais assez haut pour défier, stimuler et demander le maximum. Pour chaque personne dont le problème consiste à surestimer ses capacités, il y en a des centaines qui sous-estiment les leurs.

Si j'étais président-directeur général d'une organisation, je mettrais beaucoup d'emphase à cultiver chez moi et chez mes employés cette connaissance que les gens peuvent faire toutes sortes de choses qu'ils ne croient pas être capables de faire. L'attente positive peut aider les gens à voir au-delà de leurs propres limites. En formant des administrateurs pour aider les employés à s'épanouir, je leur raconterais des histoires et leur donnerais toutes sortes d'exemples, dans l'espoir de déclencher la créativité de l'administrateur. Cela ne peut se réduire à un manuel de formation.

Pas de raccourcis vers l'estime de soi

Il n'y a vraiment pas de raccourcis vers l'estime de soi, on ne peut tricher avec la réalité. Si nous ne vivons pas consciemment, authentiquement et avec grande intégrité, nous pouvons réussir, être populaires, riches, et être membres de tous les bons clubs, mais nous n'aurons qu'une pseudo-estime de soi. L'estime de soi est toujours une expérience intime ; c'est ce que nous pensons et ressentons à notre sujet, pas ce que quelqu'un d'autre pense ou ressent.

L'estime de soi est véritablement la réputation que nous nous donnons.

9467

Composition FACOMPO
Achevé d'imprimer en Slovaquie
par NOVOPRINT
le 2 juin 2015

1er dépôt légal dans la collection janvier 2011
EAN 9782290028728

Éditions J'ai lu
87, quai Panhard-et-Levassor, 75013 Paris
Diffusion France et étranger : Flammarion